I0013994

Bibliografische Information der Deutschen Nationalbibliothek:

Die Deutsche Bibliothek verzeichnet diese Publikation in der Deutschen Nationalbibliografie; detaillierte bibliografische Daten sind im Internet über http://dnb.d-nb.de/ abrufbar.

Impressum:

Druck und Bindung: Books on Demand GmbH, Norderstedt Germany
ISBN: 9783656912149

Dieses Buch bei GRIN:

http://www.grin.com/de/e-book/293618/qualitaetsmanagement-in-administrativen-prozessen-evaluierung-mittels

Lars Büchner

Qualitätsmanagement in administrativen Prozessen. Evaluierung mittels statistischer Prozessregelung

GRIN Verlag

GRIN - Your knowledge has value

Qualitätsmanagement in administrativen Prozessen – Evaluierung mittels Statistischer Prozess Regelung

Bachelor Arbeit

Zur Erlangung des akademischen Grades

Bachelor of Engineering

im Studiengang Wirtschaftsinformatik

an der Fakultät Wirtschaftsingenieurwesen

der Hochschule Esslingen

Vorgelegt von

Lars Daniel Büchner

Abgabedatum

28.02.2015

Inhaltsverzeichnis

Abbildungsverzeichnis

Abkürzungsverzeichnis

AV	Arbeitsvorbereitung
BSC	Balanced Scorecard
Bspw.	beispielsweise
Bzgl.	bezüglich
DMAIC	Define, Measure, Analyze, Improve, Check
DPMO	Defects per Million Opportunities
f.	folgende
ff.	fortfolgende
FMEA	Fehlermöglichkeits-, Einflussanalyse
IT	Informationstechnologie
Kaizen	Veränderung zum Besseren
KPI	Key Performance Indicator
KVP	Kontinuierlicher Verbesserungsprozess
Muda	Verschwendung
OEG	obere Eingriffsgrenze
OWG	obere Warngrenze
QRK	Qualitätsregelkarte
RPZ	Risikoprioritätszahl
SLA	Service Level Agreement
SMS	Short Messaging Service
SPC	Statistical Process Control
TQC	Total Quality Control
TQM	Total Quality Management
UEG	untere Eingriffsgrenze
UWG	untere Warngrenze
vgl.	vergleiche

σ	Sigma (Standardabweichung)
μ	Erwartungswert

Formelverzeichnis

Tabellenverzeichnis

1. Einleitung

1.1 Motivation

„Qualität ist, wenn der Kunde zurückkommt und nicht das Produkt“[1] Ein Zitat, welches die aktuelle Marktlage sehr gut beschreibt. Der Qualität von Produkten und Dienstleistungen muss eine immer größere Bedeutung beigemessen werden, da durch sie der wichtigste Faktor eines jeden Unternehmens maßgeblich beeinflusst wird. **Dieser Faktor ist der Kunde.**

Die fortschreitende Internationalisierung der Unternehmen dieser Tage führt zum Fallen von Handelsbarrieren und volatilen Wertschöpfungsketten.[2] Die Qualität von Produkten und die kontinuierliche Verbesserung dieser rückt somit immer mehr in den Vordergrund. In den letzten Jahrzenten wurden viele neue Instrumente zur Sicherstellung der Qualität erarbeitet. Das oberste Ziel war dabei mehr und mehr eine qualitätsorientierte Prozesssteuerung der Unternehmen. Die Fokussierung liegt dabei mehr auf der Prävention von Fehlern anstatt der Reaktion auf diese. Es wird versucht eine Null-Fehler Strategie zu erreichen um Qualität im kompletten Unternehmen zu gewährleisten. Viele namhafte Unternehmen haben mit Qualitätsmanagementmethoden große Erfolge feiern können. Zu den gängigsten Methoden werden das Total Quality Management, Lean Management und Six Sigma gezählt, welche alle ihren Ursprung in Japan haben.[3]

In den letzten Jahrzehnten wurde den Produktionsprozessen sehr viel Aufmerksamkeit geschenkt, sodass diese optimiert wurden. Anders sieht es jedoch in administrativen Bereichen eines Unternehmens aus. Es ist zu beobachten, dass sich das Verhältnis der Mitarbeiteranzahl in Kernprozessen zu der Anzahl an Mitarbeitern in indirekten Bereichen (Administration / Dienstleistungsprozessen) zugunsten der indirekten Bereiche verändert. In administrativen Bereichen jeden Unternehmens besteht noch riesiges Optimierungspotential. Es wird hier von Verschwendungen im täglichen Arbeitsalltag von 30% bis zu 40% ausgegangen. Weiterhin wird eine höhere Transparenz aufgrund immer komplexer werdender Geschäftsmodelle gefordert.[4] Aufgrund der steigenden Anforderungen an Geschäftsprozesse, wird ein effizienteres Management dieser immer wichtiger.[5] Es gilt dabei die geeignetsten Führungs-, Steuerungs und Kontrollsysteme[6] auszuwählen, da es eine Fülle an Ansätzen, mit einer riesigen Informationsflut gibt.

1.2 Zielsetzung

Das Ziel dieser Arbeit ist es, die Qualitätsmanagementmethode Six Sigma auf den administrativen Bereich eines Unternehmens anzuwenden. Im Fokus stehen dabei die Dienstleistungsprozesse. Dafür werden in 2. (Qualitätsmanagement) die gängigsten Ansätze im Bereich Qualitätsmanagement erläutert. Alle diese Ansätze haben ihre Vor- und Nachteile und können genutzt werden um administrative Prozesse zu optimieren. In 3. (Statistische Prozess Regelung) wird auf die Statistische Prozess Regelung im Rahmen der Methode Six Sigma eingegangen und an Produktionsprozessen erläutert. 4. (Qualitätsmanagement in administrativen Prozessen) beschreibt die Optimierung von administrativen Prozessen mittels SPC. Dabei wird auf die Herausforderungen eingegangen und es werden Fallbeispiele erläutert um den Einsatz von SPC in Dienstleistungsprozessen zu evaluieren. Die Abbildung 1 veranschaulicht das Vorgehen in Form einer Graphik. Zu beachten ist hierbei, dass jedes

---

[1] (Holzbaur 2007) S.81

[2] vgl. (Wildemann 2010)

[3] vgl. (Andersson 2006)

[4] vgl. (Müller 2011)

[5] vgl. (Müller 2011)

[6] vgl. (Baust 2005)

Kapitel Teilgebiet des vorherigen Kapitels ist. Als großer Überbegriff des Hauptteils dieser Arbeit ist das Qualitätsmanagement zu nennen. Kapitel drei und vier sind beides Teilgebiete des Qualitätsmanagements. Abschnitt 4.4 (Six Sigma in Dienstleistungsprozessen) und 4.5 (Fallbeispiele von Six Sigma in Dienstleistungsprozessen) behandelt Dienstleistungsprozesse auf welche die SPC angewendet werden soll.
Das Kapitel fünf beinhaltet ein Fazit der zuvor durchgeführten Evaluierung, sowie einen Ausblick mit einem eigens entworfenen Management Cockpit, um administrative Prozesse zu steuern.

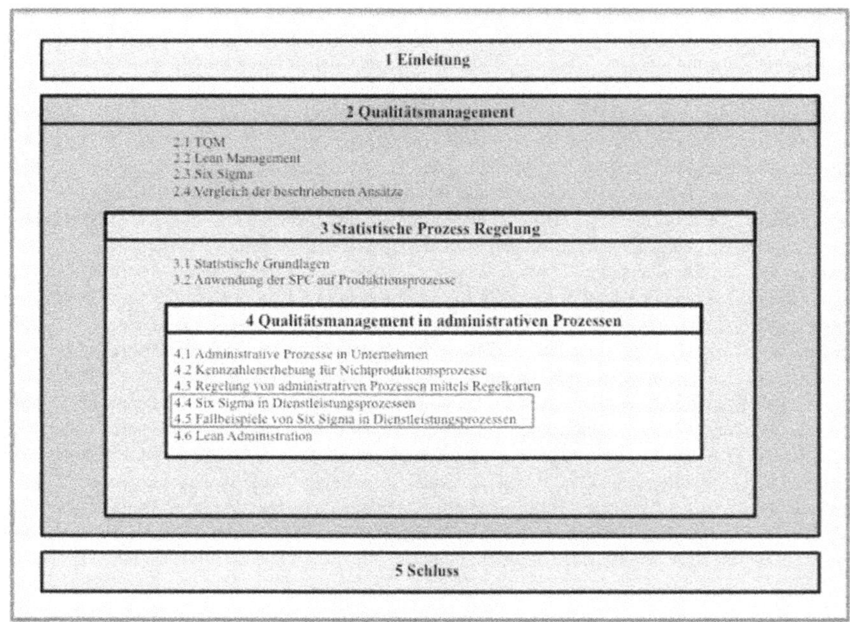

Abbildung 1 Aufbau der wissenschaftlichen Arbeit

(eigene Darstellung)

2. Qualitätsmanagement

2.1 Total Quality Management (TQM)

Der Begriff des Total Quality Managements (TQM) tauchte erstmals Mitte der 80er Jahre auf und geht vom Namen und Inhalt her auf den 1961 entwickelten Total Quality Control (TQC) Ansatz des Amerikaners Armand V. Feigenbaum zurück. TQM ist als eine Art Weiterentwicklung der klassischen Qualitätssicherung von Produkten in der Produktion zu sehen.[7]

TQM ist mit „umfassendes Qualitätsmanagement" zu übersetzen.[8] Die Bedeutung von TQM erschließt sich über folgende in der DIN EN ISO 9000 vorhandene Definition:

„Aufeinander abgestimmte Tätigkeiten zur Leitung und Lenkung einer Organisation unter Teilnahme aller ihrer Mitglieder".[9]

Der Ansatz des TQM ist somit die Einbeziehung der kompletten Unternehmensorganisation. Es wird sich an Kundenbedürfnissen, aber auch an Mitarbeitern orientiert und auch die Unternehmensphilosophie wird auf Qualität ausgerichtet. Die charakteristischen Merkmale von TQM werden in 2.1 erwähnt. Im Optimalfall decken diese Zielkriterien die Zufriedenheit aller Anspruchsgruppen (den Kunden, den Mitarbeitern und der Gesellschaft) ab.[10] Die drei Säulen für ein umfassendes Qualitätsmanagement und damit der Grundstein für TQM sind Kundenorientierung, Mitarbeiterorientierung und Prozessorientierung.[11]

In TQM, ist es wichtig, dass vom kompletten Unternehmen Qualität als das oberste Unternehmensziel verstanden werden muss. Früher wurde angenommen, dass Qualität und Produktivität in einem Entweder-oder-Verhältnis zueinander stehen.

---

[7] vgl. (Brüggemann 2012)
[8] vgl. (Kamiske 2013)
[9] (G. F. Kamiske 2013) S.1
[10] vgl. (Brüggemann 2012)
[11] vgl. (F. W. Brunner 2008)

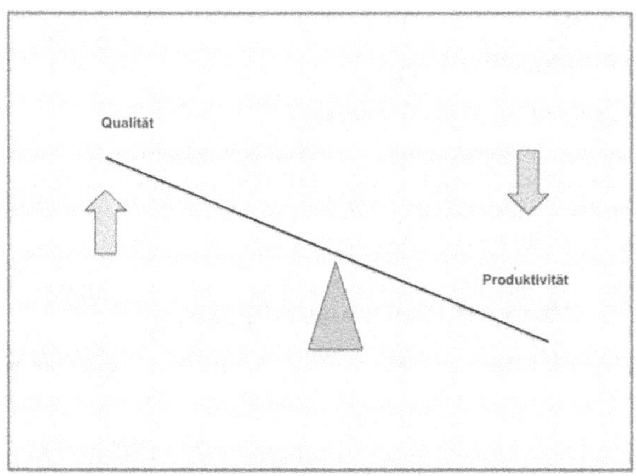

Abbildung 2 Alte Sichtweise - Qualität und Produktivität in einem Entweder-oder-Verhältnis

vgl. (Kamiske 2013)

Diese alte Ansicht ist mittlerweile überholt. Sie betrachtet nur die Qualität der Produkte, sie berücksichtigt jedoch nicht, wie qualitativ der Prozess ist, welcher das Produkt als Output hat. Laut Kamiske ist die hohe Qualität eines Produktes lediglich das Ergebnis eines qualitativ hochwertigen Prozesses.[12]

Durch eine bessere Qualität der Prozesse verringern sich zudem Nacharbeit, Verschwendung von Ressourcen und Zeit, sowie Fehler.[13] „Hervorragende Prozessqualität bedeutet hohe Prozessfähigkeit, d.h. gegen Störungen unanfällige, robuste, statistisch beherrschte Prozesse, die auf Bestände und Puffer aller Art weitgehend verzichten könnten“[14]

[12] vgl. (Kamiske 2013)

[13] vgl. (Zollondz 2002)

[14] (G. F. Kamiske 2013) S.5

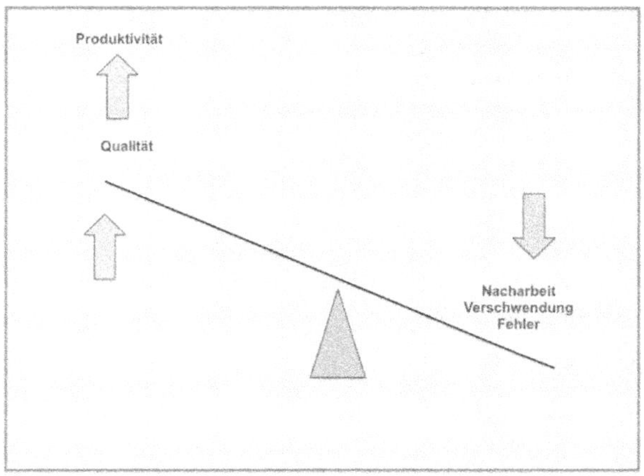

Abbildung 3 Neue Sichtweise - Höhere Qualität kostet weniger, nicht mehr!

vgl. (Kamiske 2013)

2.1.1 Kundenorientierung

Zufriedene Kunden sind die Existenzgrundlage eines jeden Unternehmens.[15] Die Kundenorientierung ist die Ausrichtung aller marktrelevanten Maßnahmen an den Bedürfnissen und Problemen des Kunden.[16] Ziel sind dabei zufriedene, sowie begeisterte Kunden, die auch ihre Freunde mitbringen würden. Die Kundenorientierung zieht noch weitere Vorteile nach sich. Zum Beispiel, dass sich die Wiederverkaufsrate vergrößert, je vertrauter und zufriedener ein Kunde mit dem Unternehmen und seinen Produkten ist.[17] Der Kunde ist bereit, beim selben Unternehmen nochmals einzukaufen oder das selbe Produkt nochmals zu erwerben. Zudem sinken die Marketing- und Vertriebskosten, die nötig sind um die Kundenbeziehung aufrecht zu erhalten. Auch werden zufriedene Kunden die Produkte an Freunde weiterempfehlen, was wiederrum ein hohes Potenzial an Neukunden birgt.[18]

Ein Kunde ist zufrieden mit einem Produkt, wenn es die von ihm an das Produkt gestellten Qualitätsanforderungen erfüllt. Um diese Qualität zu erreichen, müssen präventive Maßnahmen während der Produkterstellung durchgeführt werden. Präventive Maßnahmen sind dahingehend sinnvoll, da Fehler an einem Produkt, im weiteren Produktentstehungsprozess, teurer werden. Wird der Fehler bereits bei der Planung entdeckt, so kann er schnell ausgemerzt werden und die Kosten belaufen sich auf einen Bruchteil der Kosten, die auftreten würden, wenn der Kunde diesen Fehler entdeckt hätte.[19] Das TQM bietet hierfür eine Vielzahl von Methoden und Maßnahmen an, die genutzt werden können um eine signifikante Qualitätssicherung zu generieren. Als wichtigste Maßnahme wird hier kurz die SPC (Statistische Prozessregelung) genannt, da sie Grundlage dieser Arbeit darstellt und in 3. genauer erläutert und analysiert wird.[20] SPC ist ein statistisch-mathematisches Verfahren, welches dazu genutzt wird, bereits stabil laufende Prozesse zu steuern. Durch kontinuierliche

[15] vgl. (Kamiske 2013)
[16] vgl. (Schuber 2014)
[17] vgl. (Kamiske 2013)
[18] vgl. (Peterke 2005)
[19] vgl. (Pfeifer, Handbuch Qualitätsmanagement 2007)
[20] vgl. (Kamiske 2013)

Beobachtungen werden diese Prozesse in einem optimalen Zustand gehalten und durch Maschinen-, und Prozessfähigkeitsindizes eingestuft.[21]
Das Controlling eines Unternehmens gibt eine Momentaufnahme, wo das Unternehmen aktuell steht. Dies wird durch Kennzahlen, welche in 4.2 analysiert werden, realisiert, die das Controlling zur Verfügung stellt. Hinsichtlich des TQM Ansatzes, Qualität als oberstes Unternehmensziel zu etablieren, sollten die vier Perspektiven, Kundenperspektive, Mitarbeiterperspektive, Prozessperspektive und Finanzperspektive beschrieben werden.[22] Die Kundenperspektive gibt Auskunft darüber, wie die Kunden das Unternehmen sehen. Die Mitarbeiterperspektive misst zum Beispiel die Mitarbeiterzufriedenheit. Kennzahlen für die Prozessperspektive wären beispielsweise, wie gut und kontrolliert ein Prozess läuft. In der Finanzperspektive wird dargelegt, inwiefern TQM die Finanzen des Unternehmens beeinflusst.[23]

2.1.2 Mitarbeiterorientierung

Die Mitarbeiterorientierung ist dadurch gekennzeichnet, dass sich die Führungskraft um jeden Mitarbeiter kümmert, nach seinem oder ihrem Wohlergehen fragt, nach den Sorgen, der häuslichen Situation etc.[24] Es soll ein Arbeitsumfeld geschaffen werden, in dem die Mitarbeiter selbstständig arbeiten und denken. Das Ziel ist es, engagierte, selbstständig denkende, eigenverantwortlich handelnde und zufriedene Mitarbeiter zu haben, welches die Voraussetzung für viele Veränderungen ist, die sich durch die Einführung von TQM ergeben.[25]
Ein weiteres Prinzip im Rahmen der Prozessorientierung im TQM ist das Engagement der Geschäftsführung. TQM ist eine strategische Entscheidung, die sicher auch viele Veränderungen nach sich zieht. Hier muss die Geschäftsführung die Initiative übernehmen, da sie die nötige Autorität und Akzeptanz im Unternehmen genießt. Das Engagement der Geschäftsführung hat zudem weitere Vorteile, zum Beispiel die Vorbildfunktion, die den Mitarbeitern Sicherheit gibt.[26] Unentschlossenes Auftreten der Unternehmensführung erzeugt hingegen Unsicherheit bei den Mitarbeitern und führt meist zum Misserfolg der neuen Managementstrategie.[27] Ängste können hier beispielsweise der Verlust von Besitzständen der Mitarbeiter sein. Dies setzt aber voraus, dass die Führungskräfte geschult werden. Ihre soziale Kompetenz rückt immer mehr in den Vordergrund, weshalb sie in den Bereichen Kommunikationsfähigkeit, Moderationsfähigkeit, Einfühlungsvermögen etc. gefördert werden sollten. Die unten stehende Grafik fasst dies sehr gut zusammen.

[21] vgl. (Quentin 2008)
[22] vgl. (Rothlauf 2014)
[23] vgl. (Hummel 2011)
[24] vgl. (Schuber 2014)
[25] vgl. (Kamiske 2013)
[26] vgl. (Kamiske 2013)
[27] vgl. (Hummel 2011)

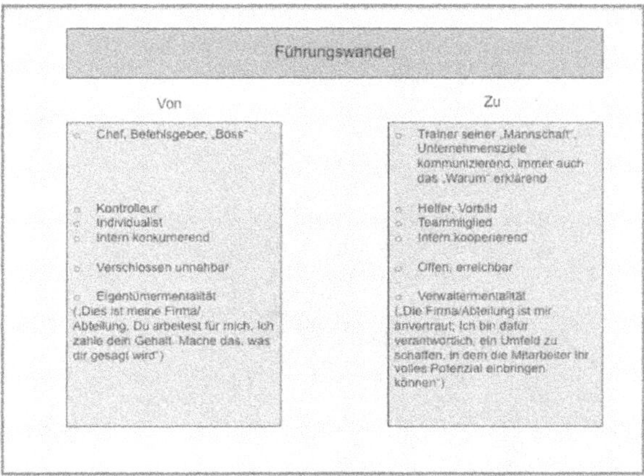

Abbildung 4 Veränderungen des traditionellen Führungsverständnisses

vgl. (Kamiske 2013)

Total Quality Management einzuführen ist eine grundlegende Entscheidung, die sich über mehrere Jahre hinzieht. Um dieses Vorhaben konsequent durchzusetzen, muss den Mitarbeitern ein klarer Weg aufgezeigt werden, der ihnen eine Richtung vorgibt. Grundwerte sind dauerhafte Grundsätze eines Unternehmens, die als eine Art Leitsätze verstanden werden können.[28] Ein Unternehmenszweck ist ein weiteres Prinzip welches dazu dient, einen transparenteren Eindruck darzustellen. Es geht über die Unternehmensziele hinaus und kann sich auch mit dem Zweck von anderen Unternehmen decken.

2.1.3 Prozessorientierung

Nicht die Ergebnisse sondern der Prozess an sich sollen im Vordergrund stehen. Qualität stellt sich nur dann ein, wenn sie in erster Linie prozessbezogen gelebt wird.[29] Die Prozessqualität beeinflusst direkt die gesamte Kosten- und Wertschöpfungsstruktur.[30] Prozessbezogen zu agieren bedeutet, auch kundenorientiert vorzugehen. Jeder Kunde ist gleichzeitig auch neuer Lieferant für den Kunden des nächsten Prozessschrittes. Dies ist in Abbildung 5 dargestellt.

---

[28] vgl. (Hummel 2011)

[29] vgl. (Hummel 2011)

[30] vgl. (T. S. Pfeifer 2001)

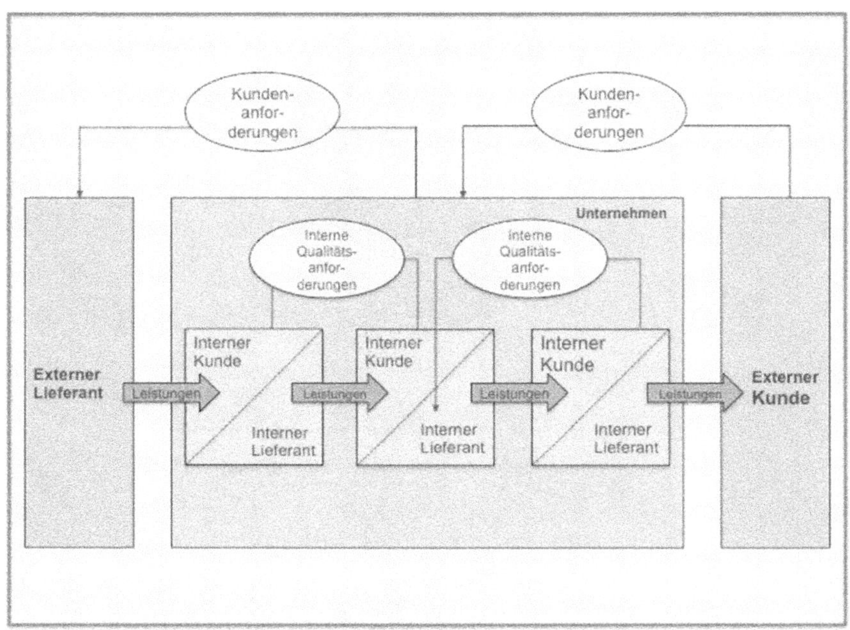

Abbildung 5 Internes Kunden-Lieferanten Verhältnis in der Wertschöpfungskette

vgl. (Hummel, Malorny 2011)

Da der Konkurrenzdruck heutzutage stetig zunimmt, ist es sogar hilfreich für Unternehmen Zulieferer direkt in die eigene Wertschöpfungskette zu integrieren, um so einen signifikanten Vorteil gegenüber Mitbewerben zu haben. Der Wettbewerbsvorteil kann durch die Zusammenarbeit mit Lieferanten entscheidend beeinflusst werden.[31] Langfristiges und intensives Zusammenarbeiten sind die Grundvoraussetzung für eine optimale Lieferantenintegration. Es ist von Vorteil, wenige Lieferanten zu haben dafür aber die Beziehung zu diesen zu intensivieren.[32] Um ein Unternehmen prozessorientiert aufzubauen, müssen Ziele definiert werden. Diese werden im Normalfall mit einem Planungszeitraum von ungefähr fünf bis zehn Jahren gesetzt. Diese Ziele werden einzelnen Bereichen zugeteilt, woraufhin diese Ziele mit operativen Methoden „übersetzt“ und daraufhin umgesetzt werden. Zu beachten ist hierbei, dass die Ziele nicht nur horizontal sondern auch vertikal geplant werden sollten. Vertikale Planung meint dabei eine Zielvorgabe des Top Managements Top-Down nach unten. Der Nachteil hierbei ist jedoch, dass die Stimme des Kunden nicht berücksichtigt wird. Würden die Ziele nur vertikal geplant werden, würden sich einzelne Prozesse zwar an den Bedürfnissen der Kunden orientieren, aber wären nicht mit anderen Prozessen aufeinander abgestimmt.[33] Die Abbildung 6 verdeutlicht diese Problematik nochmals und zeigt auf, dass es optimal ist, die Ziele sowohl auf eine horizontale Zielplanung als auch auf eine vertikale Zielplanung auszurichten.

---

[31] vgl. (Hummel 2011)

[32] vgl. (Hummel 2011)

[33] vgl. (Kamiske 2013)

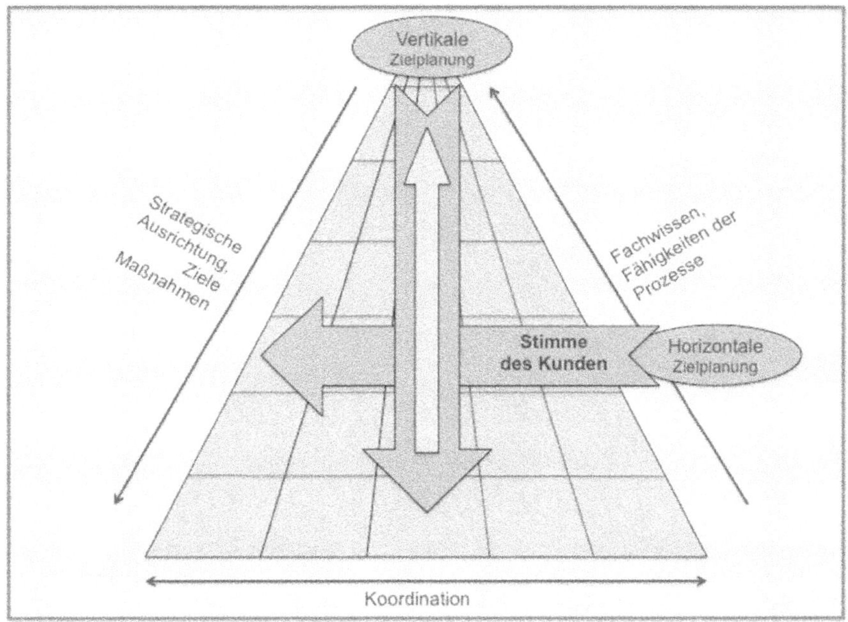

Abbildung 6 Vertikale und horizontale Planungsmaßnahmen

vgl. (G. F. Kamiske 2013)

Um dauerhaft erfolgreich zu sein, muss ein Unternehmen die ständige Verbesserung auf allen Ebenen durchsetzen. Dieses Prinzip ist ein essenzieller Bestandteil des Qualitätsmanagements, denn „Es gibt nichts, was man nicht besser machen könnte“[34] Um dieses Vorhaben stetig durchzusetzen ist es wichtig, hierbei ein systematisches Vorgehen, nach definierten und standardisierten Methoden beizubehalten. In diesem Kontext wird oft auch das Wort Kaizen genannt, welches aus dem japanischen stammt. Es kann übersetzt werden mit Veränderung zum Besseren.[35] In Europa wurden diese japanischen Führungsstile übernommen, hier werden jedoch eher Schlagworte wie KVP (Kontinuierlicher Verbesserungsprozess) oder auch CIP (Continuous Improvement Process) benutzt.[36] Der Verbesserungsprozess selbst gliedert sich wie in Abbildung 7 dargestellt. Beginnend mit der Planphase, folgend mit den Phasen Do, Check und Act.

[34] vgl. (Pfeifer, Praxisbuch Qualitätsmanagement 2001) S.13

[35] vgl. (Ebel 2001)

[36] vgl. (Kostka 2013)

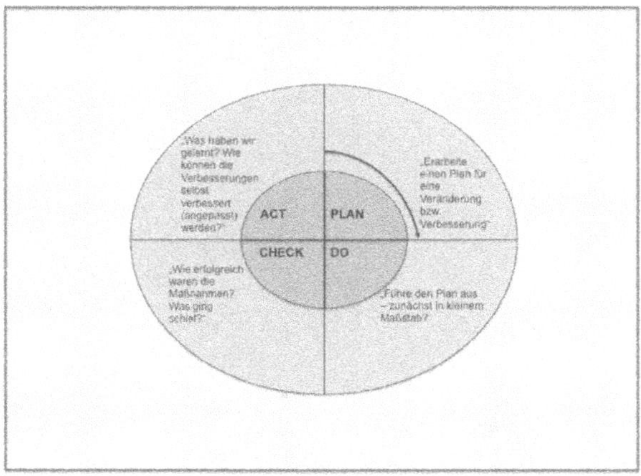

Abbildung 7 Plan Do Check Act Circle

vgl. (Kostka 2013)

Aufgrund des steigenden Leistungsdrucks, ist es für Unternehmen immer wichtiger sich von ihren Konkurrenten zu differenzieren.[37] Der Begriff Benchmark entstammt dem Vermessungswesen und bezeichnet dort eine Art „Vermessungsmarkierung“ [38],die als Bezugspunkt...Standard, an dem etwas gemessen oder beurteilt wird, benutzt wird[39] Übertragen auf das TQM bezeichnet Benchmarking das Vergleichen der eigenen Leistung, mit derjenigen der Konkurrenz bzw. der Mitbewerber am Markt. Benchmarking wird in diesem Zusammenhang auch nicht als Konzept gesehen, um seine Verfahren dem der Konkurrenz anzupassen. Es ist vielmehr dazu da, die Methode der ständigen Verbesserung (vgl. Ständige Verbesserung auf allen Ebenen) anzuwenden und sich stetig mit anderen Unternehmen zu vergleichen. So können diese Benchmarks als Gedankenanstoß für zukünftige Verbesserungsmaßnahmen im eigenen Unternehmen genutzt werden.[40]

2.2 Lean Management

In dieser wissenschaftlichen Arbeit wird auf das Lean Management als eigenständigen Teil eingegangen. Der Name ist zurückzuführen auf eine durch das MIT (Massachusetts Institute of Technology) in der Automobilbranche durchgeführten Studie in der Zeit von 1985-1990.[41] Der Begriff Lean-Management entspringt als „lean management“ dem englischen Sprachraum und wird oftmals mit „Schlankes Management“ ins Deutsche übersetzt.[42] Lean Management umfasst alle Methoden, Denkweisen und Werkzeuge, die Unternehmen zur Verfügung stehen um ihre Prozesse zu optimieren.[43] Oft wird das Lean Management auch als eine der Prinzipien des TQM beschrieben. Es zielt darauf ab, eine prozessorientierte Unternehmensführung mit höchstmöglicher Effizienz sowie

[37] vgl. (Sabisch 1997)
[38] vgl. (Sabisch 1997) S.11
[39] vgl. (Sabisch 1997) S.11
[40] vgl. (Hummel 2011)
[41] vgl. (Hummel 2011) S.98
[42] vgl. (F. J. Brunner 2014)
[43] vgl. (Gorecki, Lean Management: Der Weg zur operativen Excellence 2013)

eindeutig definierten Prozessen und Abläufen zu gestalten. Verantwortlichkeiten und Kommunikationswege sollen logisch begründet werden. Der bedeutendste Aspekt des Lean Management Ansatz ist jedoch die Minimierung von Verschwendung.[44] Diese Schwerpunkte können sich sowohl auf interne als auch auf unternehmensübergreifende Prozesse und Strukturen beziehen. Der Abbau von Verschwendung und die Konzentration auf wertschöpfende Prozesse eines Unternehmens ist laut Brunner unabdingbar um heutzutage bestehen zu können.[45] Im Grunde genommen heißt dies jedoch nicht wertschöpfende Tätigkeiten zu erhöhen sondern vielmehr Verschwendungen zu eliminieren, sowie zu reduzieren. Leider ist Lean Management kein Verfahren, dass sich in drei Sätzen erklären lässt.[46] Vielmehr verbirgt sich dahinter eine Vielzahl von Methoden, Instrumenten, Werkzeugen und Philosophien. Fasst man all diese zusammen, ist dies meist eine Summe von 30 bis 40 (je nach Standpunkt des Autors).[47] Angewendet wird Lean Management als ein *„Ganzheitlicher Ansatz zur Vermeidung von Verschwendung bei konsequenter Kundenorientierung"*.[48] Oftmals wird Lean Management als eine Allzweckwaffe gegen auftretende Verschwendung verwendet, da in der Fachliteratur namhafte Unternehmen wie Porsche, Pratt & Whitney oder Toyota genannt werden, die sehr gute Erfolge mit den dem Lean Management zugeordneten Methoden erreichen konnten.[49]
Nachfolgend werden die in der Fachliteratur erwähnten, gängigsten Prinzipien des Lean Management kurz angerissen und erläutert.

2.2.1 Kundenorientierung

Ebenso wie bei TQM ist eines der Prinzipien von Lean Management die Kundenorientierung. Es muss der Wert des Produktes aus Sicht des Kunden geprüft und definiert werden. Die Produkte sollen hierbei exakt auf die Bedürfnisse des Kunden abgestimmt werden. Der Kunde soll zur richtigen Zeit, am für ihn richtigen Ort, das auf seine Bedürfnisse zugeschnittene Produkt in der bestmöglichsten Qualität bekommen, wie auch schon in 2.1 beschrieben. Diese Kundenorientierung bezieht sich beim Lean Management anders als bei TQM auch auf die internen Kunden eines Unternehmens.[50]

2.2.2 Wertstrom

Ein kontinuierlicher Wertstrom ohne Zwischenlager und Unterbrechungen ist eines der Hauptziele und Prinzipien des Lean Managements. Unter Verschwendung versteht man jede menschliche Aktivität, die Ressourcen verbraucht, aber keinen Wert erzeugt. Im Lean Management, welches in seinen Ursprüngen auf das Toyota Produktionssystem zurückgeht,[51] spricht man von sieben Hauptverschwendungsarten, die im japanischen auch "Muda" genannt werden. Diese Verschwendungen beschreibt Liker wie folgt:[52]

- Verschwendung durch Überproduktion, z. B. Produzieren falscher Losgrößen
- Verschwendung durch Warte- und Liegezeiten, z. B. durch belegte Telefonleitungen, nicht verfügbare Arbeitsmittel, veraltete PCs & Software, fehlende Informationen

---

[44] vgl. (Dahm 2011)
[45] vgl. (F. J. Brunner 2014)
[46] vgl. (Kamiske 2013)
[47] vgl. (Gorecki, Lean Management: Der Weg zur operativen Excellence 2013)
[48] vgl. (Kamiske 2013) S.153
[49] vgl. (Kamiske 2013)
[50] vgl. (Ganter 2014)
[51] vgl. (Morgan 2006)
[52] vgl. (Liker 2004)

- Verschwendung durch lange Transportwege, z. B. weil Einzelarbeitsplätze zu weit voneinander entfernt sind
- Verschwendung durch unangemessene Mittel und Verfahren, z. B. nicht optimal genutzte Einrichtung, unklare Aufträge, mangelnde Qualifikation, zu viele Prüf- bzw. Abstimmungsvorgänge
- Verschwendung durch unnötige/ungeplante Lagerhaltung, z. B. zum Stoßzeitenausgleich, eine überfüllte Ablage, veraltete Unterlagen, Mehrfachablage
- Verschwendung durch unnötige Bewegung, z. B. ergonomisch ungünstige Gestaltung eines Arbeitsplatzes, lange Wege zwischen den Büros, wiederholtes Einarbeiten durch viele Unterbrechungen, wiederholtes Bearbeiten aufgrund von Programmabstürzen
- Verschwendung durch fehlerhafte Teile, z. B. Ausschuss, Nacharbeit, unlesbare Faxe und Notizen

Das Gegenteil von Verschwendung ist die Wertschöpfung. Im Schnitt machen in einem normalen Unternehmen nur etwa ein Drittel aller Tätigkeiten wertschöpfende Tätigkeiten aus, was dem Ziel des Lean Management widerspricht. Um diesen Wertstrom ausfindig zu machen, wird oftmals auf die Technik des Value Stream Mapping oder auch Wertstromanalyse genannt, zurückgegriffen.[53] Grundlage der Wertstromanalyse ist es, den Informationsfluss und auch den Materialfluss innerhalb der kompletten Wertschöpfungskette abzubilden. Dadurch wird ermöglicht, einzelne Prozessschritte hinsichtlich ihrer Wertschöpfung zu beurteilen. Dies geschieht durch das Bestimmen einzelner Key Performance Indicator's (KPI's) oder auch Kennzahlen genannt. Somit entsteht die Option, einzelne Prozesse zu messen.[54] Für eine detaillierte Betrachtung der Wertstromanalyse wird an dieser Stelle auf die Literatur verwiesen.[55]

2.2.3 Pull

Ein Pull System bezeichnet eine bedarfsorientierte Fertigung die erst dann produziert, wenn ein Kunde oder eine vorgelagerte Fertigungseinheit ein Produkt anfordert. Das bekannteste Pull System ist Kanban.[56] Es steht für die Umsetzung des Pull Prinzips in einem Gesamtkonzept. Das Wort Kanban kommt aus dem Japanischen und bedeutet Karte. Hierbei wird die Fertigung gezogen.[57] Zur Übertragung dieser Informationen wird Kanban eingesetzt, welches sich innerhalb eines Regelkreises bewegt und den Maximalbestand im Regelkreis bestimmt.[58] Kanban ist die operative Umsetzung des Pull Prinzips und wird mit Abbildung 8 verdeutlicht.

---

[53] vgl. (Gorecki, Lean Management: Der Weg zur operativen Excellence 2013)
[54] vgl. (Kamiske 2013)
[55] vgl. (G. F. Kamiske 2013), (Gorecki, Lean Management 2013) (Gorecki, Lean Management: Der Weg zur operativen Excellence 2013), (G. F. Kamiske 2008)
[56] vgl. (Spearmann 1990)
[57] vgl. (Kamiske 2013)
[58] vgl. (Gorecki, Lean Management 2013)

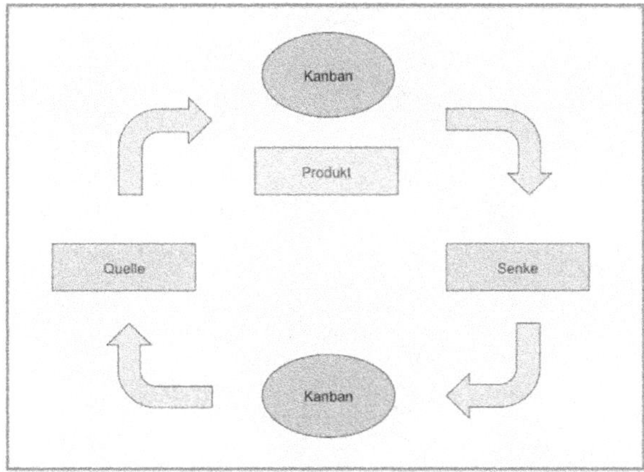

Abbildung 8 Kanban Zirkel

vgl. (Gorecki, Lean Management 2013)

Quellen sind hierbei Lieferanten, bzw. Orte an denen Güter aufkommen. Dies kann ein Lager oder eine Produktionsanlage sein. Senken bezeichnen den Empfänger und sind somit Orte an denen Bedarf an Gütern besteht.[59] Teile werden demnach nur produziert, wenn vom nachfolgenden Schritt ein Signal oder auch eine Karte eingetroffen ist. Durch diese Karte wird aufgefordert, ein bestimmtes Teil zu ersetzen oder neu zu produzieren. Durch dieses System wird die von Toyota, als schlimmste Verschwendung angesehene Überproduktion, reduziert. Es wird nur produziert, wenn der Kunde eine Anfrage stellt.[60]

Eine weitere beliebte Methode um das Pull Prinzip umzusetzen, ist die Philosophie des *„Milk Runs“*[61]. Hierbei wird ähnlich wie beim Prinzip eines Milchmanns, der die Milch immer zur gleichen Zeit bringt oder auch der Postbote, der immer seine vorgegebene Route täglich abfährt, verfahren. Im Lean Management wird ein LKW täglich mehrere Lieferanten anfahren und beliefert diese oder nimmt die produzierte Ware eines Tages mit.

---

[59] vgl. (Dahm 2011)

[60] vgl. (Drew 2005)

[61] vgl. (Kamiske 2013) S.174

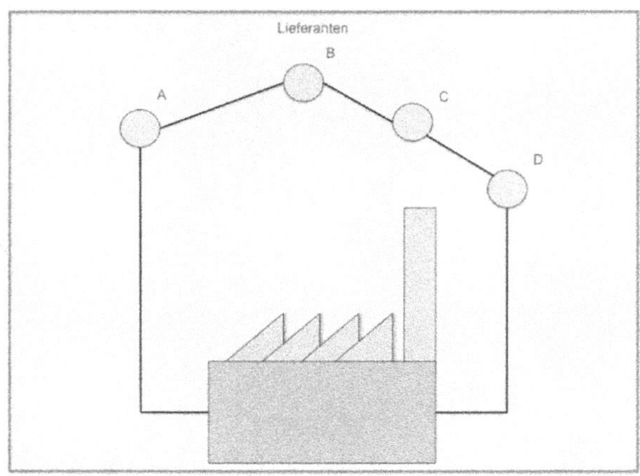

Abbildung 9 Milk Run Prinzip

vgl. (G. F. Kamiske 2013)

2.2.4 Flow

Eines der wichtigsten Gestaltungsprinzipien des Lean Managements ist der kontinuierliche und geglättete Ablauf der Produktion, das Fluss-Prinzip. Wird jedoch aus der Produktsicht der Produktionsprozess betrachtet, stellt man die vielen Stopps in Form von Zwischenlagern und Pufferbeständen fest.[62] Aus dem Blickwinkel des Lean Managements sind hier vielfach erhebliche Verbesserungspotenziale verborgen, die auch eine große Auswirkung auf die Effizienz des gesamten Wertstroms haben. Wenn es gelingt, Engpässe zu beseitigen, die Produktion zu harmonisieren und auf den Wertstrom auszurichten und möglichst kleine Lose kontinuierlich fließen zu lassen, dann ist eine wesentliche Voraussetzung dafür geschaffen, die Fertigung flexibel, auftragsbezogen und effizient zu steuern. Das Lean Management bietet hier einige Verfahren oder Maßnahmen um diesen kontinuierlichen Flow aufrecht zu erhalten. Eine Methode, um einen geglätteten Produktionsfluss zu erreichen ist Poka-Yoke. Es ist dazu da, um Fehler zu vermeiden, bevor diese auftreten.[63] So eine Fehlervermeidung tritt zum Beispiel bei dem Tankdeckel eines jeden Autos auf. Der Tankdeckel ist durch eine Befestigung am Auto festgemacht, sodass der Autofahrer nicht vergisst ihn wieder zuzuschrauben, nachdem das Auto betankt wurde. Ein weiteres Beispiel wäre das automatische Abstellen eines Wasserhahnes auf öffentlichen Toiletten. Ein Alltagsbeispiel sind Autos mit Automatikgetriebe, bei welchen das Getriebe nur gestartet werden kann, wenn sich der Schalthebel in der P-Stellung (Parkposition) befindet.[64] Wird dieses Poka-Yoke Prinzip in der Produktion eingesetzt, ist es möglich, durch eine vorzeitige Fehlervermeidung ein Eingreifen in den laufenden Prozess zu vermeiden.

---

[62] vgl. (Liker 2004)
[63] vgl. (Drew 2005)
[64] vgl. (Drew 2005)

2.2.5 Perfektion

Der kontinuierliche Verbesserungsprozess (KVP) oder auch Kaizen genannt, sind nach Kostka[65] Methoden, mit denen die Mitarbeiter fortlaufend dazu aufgefordert werden, die Abläufe zu hinterfragen und Ideen einzubringen. Denn sie haben ihre Arbeitsplätze und die alltäglichen Prozesse in der Werkshalle am besten im Blick. Kai (=Veränderung) Zen (=zum Besseren) entstammt ursprünglich der japanischen Sprache. Das Prinzip des KVP soll deshalb im Lean Management durchgehend fortgeführt werden. Mitarbeiter bekommen zum Beispiel einen Bonus wenn sie eine gute Optimierungsidee einbringen und diese dann anschließend auch umgesetzt wird.[66]

2.3 Six Sigma

Das Kernziel von Six Sigma ist die Beschreibung, Messung, Analyse und Verbesserung von Prozessen innerhalb einer Organisation. Es wird sich hierbei an Kundenbedürfnissen und auch an Kennzahlen orientiert.[67] Abbildung 10 beschreibt die fünf Grundelemente auf welche sich Six Sigma stützt. Die Grundstrategie der Six Sigma Methode ist die Prozessverbesserung.

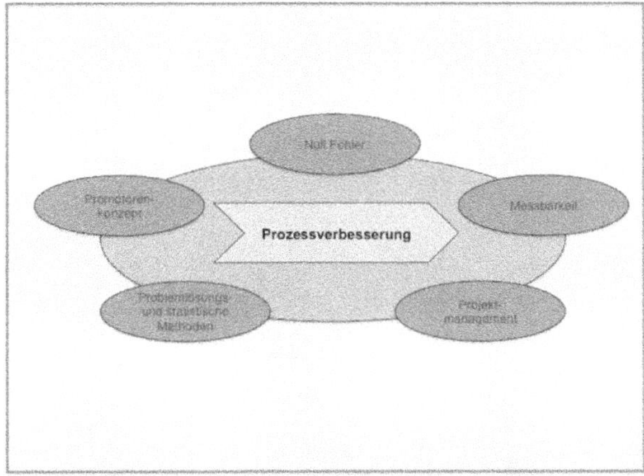

Abbildung 10 Die fünf Kernelemente des Six Sigma Ansatzes

vgl. (G. F. Kamiske 2013)

Dies soll durch die fünf Kernelemente Null Fehler - Philosophie, Messbarkeit, Projektmanagement, Problemlösungs- und statistische Methoden und dem Promotorenkonzept erreicht werden. Auf die Null Fehler - Philosophie wird nochmals explizit in 4.4 eingegangen.

Das Promotorenkonzept findet in Six Sigma Projekten eine ganz wichtige Anwendung. Six Sigma setzt auf geschulte und trainierte Mitarbeiter im Umgang mit Statistik und den Tools, welche im Rahmen von Six Sigma zum Einsatz kommen. Die meisten Six Sigma Funktionen tragen aus dem Kampfsport entnommene Gürtelfarben. In Six Sigma Projekten werden sie einzelnen Ausbildungsgraden zugeordnet. Abbildung 11 bildet die drei Hauptrollen für ein funktionierendes

---

65 vgl. (Kostka 2013)

66 vgl. (Morgan 2006)

67 vgl. (Knecht 2013)

Promotorenkonzept ab. Unter Machtpromotoren sind im Six Sigma Umfeld jene Personen zu bezeichnen, welche eine Ausbildung zum Sponsor oder Champion absolviert haben. Sie setzen sich für das Vorankommen von Six Sigma Vorhaben in oberen und obersten Managementbereichen ein. Das „Management Commitment", also das Miteinbeziehen des Top Managements wird somit garantiert.[68] Der Champion und Projektsponsor wird von Anfang an in das Projekt miteinbezogen und verabschiedet auch den Projektsteckbrief, welcher in 2.3.1 genauer erläutert wird.
Fachpromotoren sind Experten im Six Sigma Projekt die sowohl fachlich in Six Sigma als auch im Bereich des Projektmanagements eine große Expertise aufweisen können. In der Regel finden sich zu Beginn von Six Sigma Initiativen noch keine derart qualifizierten Mitarbeiter im Unternehmen. Deshalb wird diese Rolle oft von externen Beratern übernommen.[69]
Als Prozesspromoter werden Personen bezeichnet, die operativ dafür zuständig sind, dass Prozesse sowie Projekte ordnungsgemäß abgewickelt werden. Dazu ist es erforderlich, ein wesentliches Zeitkontingent für diese Arbeit als Projektverantwortlichen abzustellen. In der Regel übernehmen

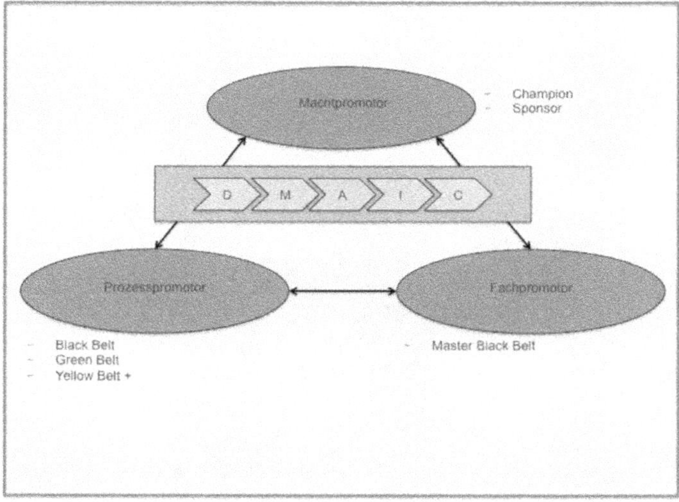

Abbildung 11 Promotorenkonzept Six Sigma

vgl. (G. F. Kamiske 2013)

Black Belts diese Aufgabe. Bei kleineren Projekten kann diese Rolle jedoch auch schon von Green Belts übernommen werden. Hier zeigt sich schon ein wesentlicher Erfolgsfaktor von Six Sigma. Bevor das Projekt gestartet wurde sind die Projektbeteiligten klar definiert und allen Promotoren sind ihre Aufgaben zugewiesen. Zudem wird durch die Ausbildung sichergestellt, dass die jeweiligen Personen auch ausreichend qualifiziert und geschult sind.[70] Da der Hauptbestandteil dieser Arbeit die Statistische Prozessregelung (SPC) ist, wird hier auch die Managementmethode Six Sigma herangezogen. SPC ist ein wesentlicher Bestandteil von Six Sigma.

---

[68] vgl. (G. F. Kamiske 2013)
[69] vgl. (G. F. Kamiske 2013)
[70] vgl. (G. F. Kamiske 2013)

Six Sigma ist seit 2004 in die erste Liga der Management Methoden aufgestiegen und wird seither oft genutzt. Mittlerweile wenden bereits mehr als ein Drittel Six Sigma in ihren Unternehmen an.[71] Bevorzugt wird Six Sigma momentan noch von amerikanischen Unternehmen angewendet und der Anteil an Firmen aus Europa und Deutschland, die diese Management Methode anwenden, ist noch deutlich geringer. Die Laufzeit eines Six Sigma Projekts beträgt dabei zwischen drei und sechs Monate und der Umfang liegt meistens bei unter 200.000 € pro Projekt. Einsatzmöglichkeiten sind dabei vor allem die Produktion, Vertrieb, sowie die Verwaltung. Stand anfangs noch die Produktion im Vordergrund, werden mittlerweile immer mehr Projekte in der Verwaltung und im Vertrieb realisiert. Eine ähnliche Entwicklung ist bei der Verbreitung nach Unternehmensgrößen zu beobachten. Immer mehr mittelständische Unternehmen erkennen den Wert von Six Sigma. Auswahlkriterien für die Projekte sind meist Kundenzufriedenheit, Kosteneinsparungsvolumen und Prozessfehlerhäufigkeit.[72]
Operativ wird Six Sigma mit einem sehr straffen Projektmanagement durchgeführt. Es wird sich hierbei an dem Vorgehen des D M A I C Zirkels orientiert.

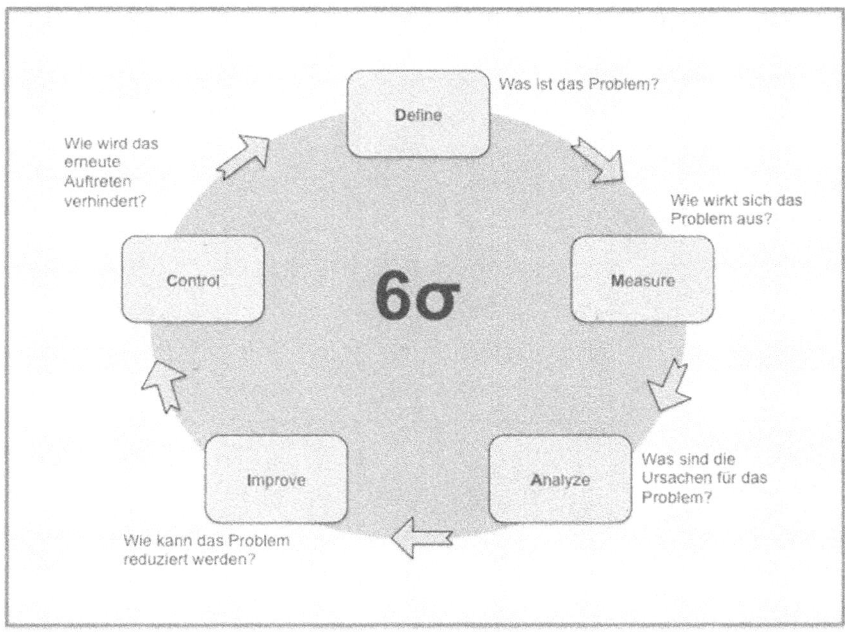

Abbildung 12 DMAIC Zirkel

(eigene Darstellung)

Ein Six Sigma Projekt ist immer in diese Phasen eingeteilt und jeder Phase werden Methoden und Vorgehensweisen zur Verfügung gestellt mit denen der Prozess der jeweiligen Phase bearbeitet wird.[73]

---

[71] vgl. (M. A. Schmieder 2005)
[72] vgl. (M. Schmieder 2008)
[73] vgl. (Chiarini 2012)

In dieser Arbeit wird nun auf jede dieser Phasen kurz eingegangen, in 3. wird die Statistische Prozessregelung der letzten Phase (Control Phase) beschrieben. Nach Wildemann[74] ist die Six Sigma Vorgehensweise die aktuellste im Vergleich zu TQM und dem Lean Management. Die folgende Tabelle 1 liefert einen Überblick, welche Methoden Six Sigma anbietet und zu welcher Phase sie zugeordnet werden, bzw. in welcher Phase es sich anbietet diese anzuwenden.

Bezeichnung der Methode	DMAIC Phase, in der die Methode am häufigsten benutzt wird				
	Define	**M**easure	**A**nalyze	**I**mprove	**C**ontrol
Affinitätsdiagramm (Affinity diagram)	X		X		
CTQ Baum (Critical to Quality Tree)	X				
Datenerfassungsplan (Data Collection Plan)		X	X	X	
Erfolgsquote / Prozessausbeute (Field Throughput Yield)	X				
FMEA (Fehlermöglichkeits- und –einflussanalyse)		X		X	
Geschäftssituation (Business Case)	X				
Häufigkeitsdiagramm (Frequency Plot)		X	X	X	X
Hypothesentest t-Test t-Test paarweise ANOVA Varianzanalyse Chi-Square-Test			X	X	
Kano Modell	X				
Messsystemanalyse kontinuierliche Daten diskrete Daten		X	X		
Arbeits- und Prüfanweisung		X			

[74] vgl. (Wildemann 2010)

Pareto Diagramm (Pareto Chart)		X	X	X	
Prioritätsmatrix		X		X	
Projektsteckbrief (Project Charter)	X				
Prozessfähigkeit		X		X	
Prozessdarstellung	X			X	
Prozess Sigma		X		X	
SIPOC	X				
Stakeholder Management	X				
Stichprobennahme		X	X	X	X
Streudiagramm			X		
Ursache-Wirkungs-Diagramm			X		
Verlaufsdiagramm		X			
Qualitätsregelkarten (QRK)		X			X
Versuchsplanung Vollfaktorieller Ansatz Teilfaktorieller Ansatz Parameterreduzierung Plackett-Burman-Verfahren Ansätze mit mehr als zwei Ebenen			X	X	
Voice of the Customer	X				

Tabelle 1 Eine Übersicht der Six Sigma Methoden

vgl. (von Below 2009)

2.3.1 Define

Hauptbestandteile dieser Phase sind das Bestimmen der Projektziele sowie den Projektgrenzen. Sie werden auf die Bedürfnisse der Kunden sowie den Unternehmenszielen abgestimmt.[75] In dieser Phase werden hauptsächlich die folgenden Methoden eingesetzt:

- Projektsteckbrief

Ein Projektsteckbrief oder auch Project Charter[76] ist eine Zusammenstellung aller relevanten Daten bezogen auf das Projekt. Es ist eine Abmachung zwischen dem Management und dem Projektteam, das auch während dem Projekt noch angepasst werden kann.[77]
Aufgaben bzw. Definitionen welche der Projekt Charter enthalten sollte, sind zum Beispiel das Erläutern der aktuellen Geschäftssituation.[78] Unterstützung für ein Projekt ist meist leichter zu mobilisieren, wenn die Bedeutung offensichtlich gemacht wird.[79]

---

[75] vgl. (von Below 2009)
[76] vgl. (Kaufmann 2012)
[77] vgl. (Kaufmann 2012)
[78] vgl. (G. F. Kamiske 2008)
[79] vgl. (Kaufmann 2012)

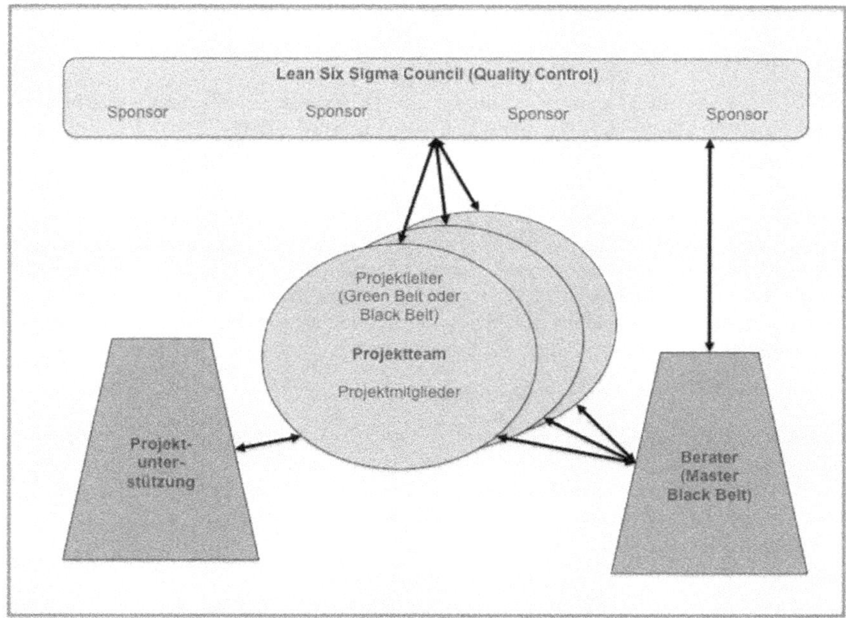

Abbildung 13 Lean Six Sigma Infrastruktur in einem Six Sigma Projekt

vgl. (Kaufmann 2012)

Ein weiterer Punkt, der definitiv in keinem Projektsteckbrief fehlen sollte, ist die Beschreibung der Problemstellung und des Projektzieles.[80] Somit wird ein klares Ziel vorgegeben, auf welches hingearbeitet wird. Weiterhin ist es wichtig die Projektbeteiligten zu definieren. Meist ist ein Six Sigma Projekt aufgeteilt wie in Abbildung 13 gezeigt wird. Dieses Promotorenkonzept wurde in 2.3 beschrieben. Hier wird es nochmals angerissen, um zu unterstreichen, wie essenziell wichtig dieses Prinzip ist. Für eine erfolgreiche Durchführung von Six Sigma Projekten ist die definierte Infrastruktur der Promotorenkonzepts unabdingbar.

Eine weitere wichtige Aufgabe ist die Erstellung eines Projektplanes. Darin wird eingeteilt welche Arbeitsphase für welche Arbeitspakete aufgewendet werden. Es wird so eingeteilt, dass ersichtlich ist, wie viel Zeit der Gesamtzeit für jede der fünf Phasen aufgewendet wird.[81] Dieser Projektplan sollte regelmäßig aktualisiert und im Quality Council präsentiert werden.

- Stakeholder Management

Da ein Six Sigma Projekt viele Änderungen mit sich bringt, sollte klar sein, wer die Stakeholder eines Unternehmens sind. Darüber hinaus sollte so viel wie möglich über ihre Situation in Erfahrung

[80] vgl. (Kaufmann 2012)
[81] vgl. (Kaufmann 2012)

gebracht werden und die Stakeholder sollten regelmäßig informiert werden, sei es durch ein persönliches Gespräch, Telefonat o.ä.[82]

- Stichprobennahme

Auf diese Methode wird ausführlich in 3.1 eingegangen. Es wird hier nur der Vollständigkeit halber aufgeführt, da diese Methode während der Define Phase angewendet wird.

- SIPOC und Prozessdarstellung

SIPOC ist nach von Below[83] *„eine Abkürzung für die Top-Level Prozessdarstellung"* der Teile Supplier, Input, Process, Output, Customer.[84] Dieses Verfahren wird oft als Kommunikationsmittel verwendet, sodass jedes der Teammitglieder das gleiche Verständnis vom Prozess hat. Ein weiterer Vorteil dabei ist, der Unternehmensführung klar zu zeigen, womit sich das Projekt beschäftigt.[85] Der Prozess wird anschaulich modelliert und die jeweiligen Outputs der einzelnen Prozessschritte werden zur Analyse herangezogen.

- Rolled Throughput Yield – Erfolgsquoten/Prozessausbeute

Diese Methode wird sehr oft in produzierenden Unternehmen eingesetzt um die Effektivität einzelner Prozesse zu bestimmen.[86] Sie wird wie in Abbildung 14 beschrieben, berechnet. Es muss hierfür die Ausbeute jedes einzelnen Prozessschrittes berechnet werden. Im nächsten Schritt werden diese Ausbeuten miteinander multipliziert und somit die Gesamtausbeute berechnet.

---

[82] vgl. (von Below 2009)
[83] vgl. (von Below 2009) S.17
[84] vgl. (Knecht 2013)
[85] vgl. (Kaufmann 2012)
[86] vgl. (Magnusson 2004)

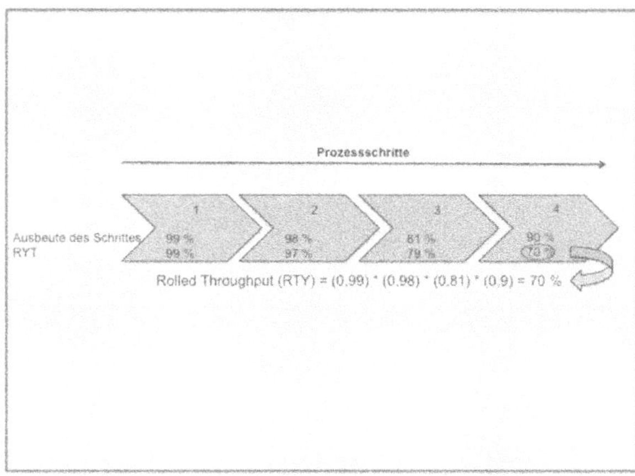

Abbildung 14 Rolled Throughput Yield

vgl. (von Below 2009)

- Prozessdarstellung

In fast jedem Projekt wird es notwendig sein, den Prozess detailreich darzustellen.[87] Der Hauptgrund dafür ist, den Ablauf zu verstehen, der nötig ist um beispielsweise einen an dieser Stelle fiktiven Prozess eines Darlehensbewilligungsverfahrens durchzusetzen. Dieser Prozess ist sehr komplex und es bedarf vieler Unterprozessschritte, die durchgeführt werden müssen. Somit wird es einfacher, wenn er detaillierter beschrieben wird. Es kann sich bei der Prozessdarstellung auf verschiedene Bereiche spezialisiert werden. Der Prozess kann z.B. aktivitätsorientiert modelliert werden. Möglich ist es auch, den Prozess funktional darzustellen oder eine Wertschöpfungsanalyse im Rahmen eines Flussdiagrammes dazustellen.[88] Somit kann schnell identifiziert werden, welche Prozessschritte wertschöpfend und welche nicht-wertschöpfende Prozessschritte sind.

- Voice of the Customer (VOC)

Die Methode VOC dient dazu, die Kundenbedürfnisse möglichst exakt zu beschreiben.[89] Dieses Verfahren hilft dem Unternehmen dabei, das Potenzial neuer Produkte oder Dienstleistungen zu erkennen. Wichtig ist hierbei die Auswahl der geeigneten Informationsquelle. Tabelle 2 gibt einen Überblick über mögliche Informationsquellen.

reaktiv	**proaktiv**
Beschwerden von Kunden	Interviews
Anrufe/ Emails bei Hotlines oder technischem Support	Direkte Beobachtung von Kundengruppen

[87] vgl. (Kamiske 2013)
[88] vgl. (Wappis 2010)
[89] vgl. (von Below 2009)

Verkaufsdaten	Erhebungen
Gutschriften	Verkaufsgespräche
Angefochtene Zahlungen	Kundenbesuche
Garantiefälle	Marktforschung
Rücksendungen	Wettbewerbsanalysen
Sinkende Verkaufszahlen	Fachzeitschriftartikel

Tabelle 2 Informationsquellen für die Methode Voice of the Customer

In Anlehnung an (von Below 2009)

- Affinitätsdiagramm

Der Sinn dieser Methode ist es, Kundenäußerungen in einzelne Gruppen oder auch Cluster einzuteilen.[90] Bezüglich des Vorgehens wäre eine geeignete Variante, alle Kundenäußerungen auf eine einzelne Karte zu schreiben, um diese dann beispielsweise auf einem Flipchart zu sortieren. Die Methode des Affinitätsdiagrammes fördert den Ideenreichtum und das Strukturieren von großen Datenmengen.

- Kano Modell

Das Kano Modell ist ein Schaubild, welches den Zusammenhang zwischen der Erfüllung der Kundenanforderungen und der Kundenzufriedenheit darstellt. Es hat seinen Namen von dem renommierten japanischen TQM Experten Noriaki Kano.[91] Die Erwartungen des Kunden werden hierbei in Basisanforderungen (unverzichtbar =must be), Leistungsanforderungen (je mehr desto besser = more is better) und Begeisterungsanforderungen (nice to have = delighters) unterteilt. Je nach Produkt oder auch Dienstleistung können diese Anforderungen variieren.

[90] vgl. (von Below 2009)

[91] vgl. (von Below 2009)

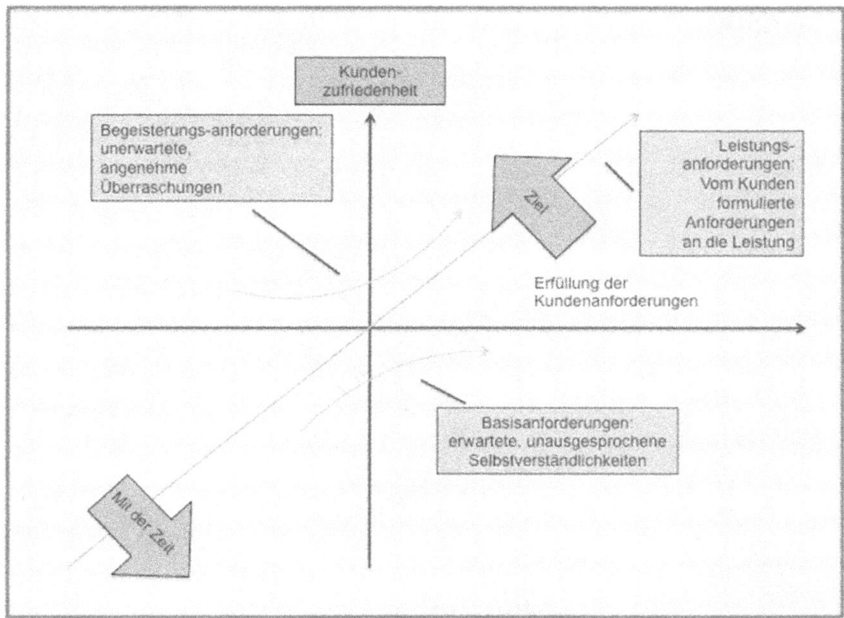

Abbildung 15 Kano Modell

vgl. (G. F. Kamiske 2008)

Eine Basisanforderung eines Smartphone wäre zum Beispiel, man kann damit telefonieren und SMS versenden kann. Im Laufe der Zeit verschieben sich jedoch diese Anforderungen. Damit ist gemeint, dass je nachdem wie schnell die Technik voranschreitet, Begeisterungsanforderungen zu Leistungsanforderungen werden und Leistungsanforderungen werden zu Basisanforderungen. Abbildung 15 beschreibt diesen Zusammenhang anschaulich.[92]

- CTQ Baum

Der CTQ Baum (Critical to Quality) soll dabei helfen, die im Affinitätsdiagramm visualisierten Kundenäußerungen in Dienstleistungs- und Produktspezifikationen zu überführen.[93] Diese Kundenäußerungen werden dabei oft in Form eines Baumdiagrammes beschrieben. Abbildung 16 veranschaulicht dies.

---

[92] vgl. (G. F. Kamiske 2008)

[93] vgl. (Kaufmann 2012)

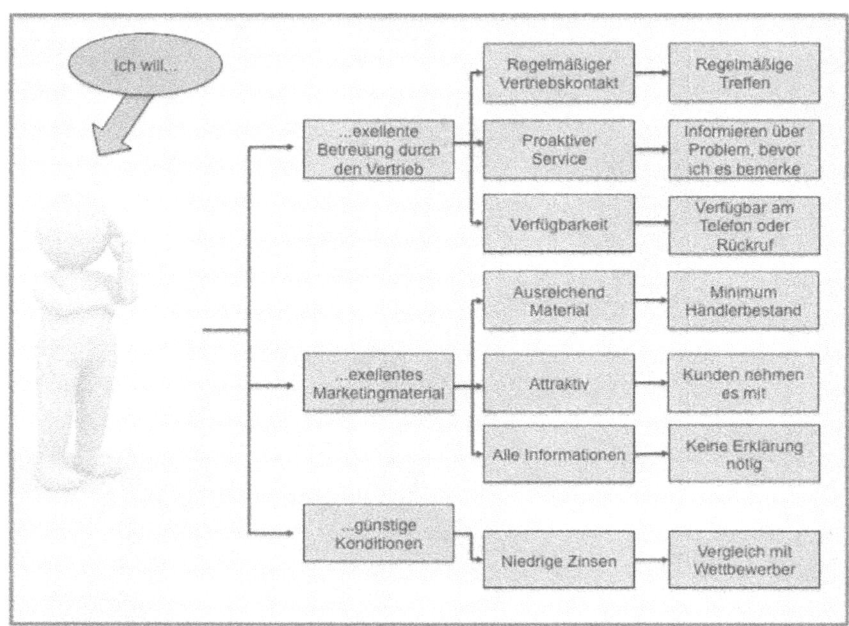

Abbildung 16 CTQ Baumdiagramm

In Anlehnung an (Kaufmann 2012)

2.3.2 Measure

Ausgehend von dem in der Define Phase erstellten Projektplan wurde ein Überblick über den verbesserten Prozess erstellt.[94] Ziel der Measure Phase ist die möglichst genaue Bestimmung der Ursachen. Zudem ist die Bestimmung der Prozessfähigkeit in der Measure Phase von großer Bedeutung.[95] Folgend werden Methoden beschrieben, die in der Phase zwei sehr oft zum Einsatz kommen:

- Datenerfassungsplan

Daten helfen theoretische Vorhaben in die Praxis umzusetzen bzw. diese zu operationalisieren. Ein Datenerfassungplan bildet den Ist-Zustand ab. Er kann zudem den Zusammenhang zwischen Ursachen und Wirkungen klären.[96]

---

[94] vgl. (Knecht 2013)
[95] vgl. (von Below 2009)
[96] vgl. (von Below 2009)

	Projekt: Ertrag Produkt XYZ					
	Welche Fragen wollen Sie beantworten?					
1	Läuft der Prozess stabil?					
2	Ist der Prozess leistungsfähig?					
3	Gibt es Unterschiede bzgl. Der Wochentage, Schichten oder Fertigungslinien?					
4	Reduzieren Verschmutzungen den Ertrag?					
5	Bewirkt die Temperatur oder Geschwindigkeit der Maschine einen Effekt?					
6	Macht die Flaschengröße einen Unterschied?					
	Daten			**Operative Definitionen und Durchführung der Messung**		
	Messgröße	Messmittel	Datentyp	Dimension	Verbundene Bedingungen	Anmerkungen
1	Ertrag	Output	stetig	Gew.-%		Letzte 250 Chargen
2	Ertrag	Output	stetig	Gew.-%		Letzte 250 Chargen
3	Ertrag	Input/Prozess	stetig	Gew.-%	Tag, Schicht, Fertigungslinie	Letzte 250 Chargen
4	Verschmutzung	Prozess	stetig	Gew.-%	Art der Verschmutzung	Letzte 250 Chargen
5	Temp. Geschw.	Prozess	stetig	°C / RPM	Tag, Schicht, Fertigungslinie	Letzte 250 Chargen
6	Ertrag	Prozess	diskret	Fehlerzahl	Flaschengröße	Letzte 250 Chargen
	Wie werden sie die erforderliche Konsistenz sicherstellen?			**Nach welchem Plan beabsichtigen Sie, mit der Datensammlung zu beginnen? (ggf. detaillierte Angaben beifügen)**		
	Durchführung von Messmittelfähigkeitsuntersuchungen bezüglich Ertrag, Verschmutzung, Temperatur und Geschwindigkeit			Das Team soll die Chargenprotokolle prüfen und die Daten in Arbeitsblätter übertragen		
				Wie sollen die Daten dargestellt werden? (bitte unten auflisten)		
				1. Persönliche Regelkarten		
				2. Prozessfähigkeitsdiagramme		
				3. Geschichtete Punktdiagramme		
				4. Streudiagramme		
				5. Geschichtete Punktdiagramme, Regelkarten		
				6. Pareto Diagramme		

Abbildung 17 Datenerfassungsplan

vgl. (von Below 2009)

An der Qualität eines Prozessergebnisses misst ein Kunde ob seine Anforderungen erfüllt wurden. Die Anzahl der Input und Prozesskennzahlen sind immens. Ein Datenerfassungsplan hilft dabei, diese zu strukturieren. Es kann jedoch sehr aufwendig sein alle Daten aufzunehmen. Deshalb ist es wichtig, diese zu priorisieren.[97]

- Prioritätsmatrix

Eine weitere Methode, welche in der Measure Phase Anwendung findet ist das Aufstellen einer Prioritätsmatrix. Dafür werden für die Bereiche Prozess-, und Inputvariablen jeweils drei Merkmale ausgewählt. In Abbildung 18 sind dies für die Prozessvariablen chargieren, erhitzen sowie destillieren während der Prozess abläuft. Rohmaterial, Dampf und die Metallanalyse wurden als Inputvariablen gewählt. In einem nächsten Schritt werden Output Variablen bestimmt.

[97] vgl. (Wappis 2010)

		Output Variablen			
		Ergebnis	Wirkstoff	Füllgewicht	Total
	Gewichtung	9	9	5	
Prozess-Variablen	chargieren	9	1	1	95
	erhitzen	9	9	5	187
	destillieren	5	1	5	79
Input-Variablen	Rohmaterial	1	5	5	79
	Dampf	9	1	1	59
	Metallanalyse	9	9	9	207
		Korrelationsfaktoren			

Abbildung 18 Prioritätsmatrix

vgl. (von Below 2009)

In Abbildung 18 sind dies die Variablen Ergebnis, Wirkstoff und Füllgewicht. Diese drei Output Variablen werden gewichtet. Dabei ist zu beachten, dass entweder die 1 für eine niedrige Gewichtung, die 5 für eine mittlere Gewichtung und die 9 für eine hohe Gewichtung gewählt werden. Im nächsten Schritt wird analysiert was für eine Auswirkung die Prozess- und Input Variablen auf die Output Variablen haben. Hier kann auch nur zwischen den Kenngrößen 1 für eine geringe Auswirkung, 5 für eine mittelschwere Auswirkung und 9 für eine große Auswirkung gewählt werden. Das Chargieren hat zum Beispiel im Bezug auf das Endergebnis eine sehr große Bedeutung und wird deshalb mit einer 9 bewertet. Auf den Wirkstoff hat das Chargieren jedoch eine sehr geringe bis sogar keine Auswirkung. Somit wird die Beziehung chargieren – Wirkstoff mit einer 1 bewertet. In einem letzten Schritt wird der jeweilige Korrelationsfaktor jeder einzelnen Beziehung mit der Gewichtung der Output Variable multipliziert. Das Total der Prozess Variable chargieren wird hier als Veranschaulichung berechnet.

$$\text{Korrelationsfaktor (chargieren} - \text{Ergebnis)} * \text{Gewichtung (Ergebnis)} = 9 * 9 = 81$$
$$\text{Korrelationsfaktor (chargieren} - \text{Wirkstoff)} * \text{Gewichtung (Wirkstoff)} = 9 * 1 = 9$$
$$\text{Korrelationsfaktor (chargieren} - \text{Füllgewicht)} * \text{Gewichtung (Füllgewicht)} = 5 * 1 = 5$$
$$\text{Total:} 81 + 9 + 5 = 95$$

Hierdurch wird aufgezeigt welche Input und Prozess Variablen in dem analysierten Prozess essenziell wichtig sind. In dem Fall in Abbildung 18, sind dies die Variablen Erhitzen und Metallanalyse.

- Prozessfähigkeit

Explizit wird auf diese Kennzahl in 3.1 eingegangen.

- FMEA

Die Fehler-, Möglichkeits- und Einflussanalyse ist ein Ansatz um ein Risiko abzuschätzen und zielt auf die Vermeidung von Fehlern ab. Meistens setzt man sie vor der Einführung von neuen Produkten

oder Dienstleistungen ein.[98] Oft wird sie jedoch auch zur Analyse bestehender Produkte genutzt. Sie dient dabei sowohl als Analysemethode um menschliche Fehler zu identifizieren, als auch um externe Störfaktoren ausfindig zu machen.[99] Es ist eine Risikoanalyse, die zur präventiven Schwachstellenuntersuchung dient. Es wird eine Risikoprioritätszahl gebildet (RPZ), welche sich aus der Auswirkung, der Häufigkeit und der Erkennbarkeit zusammensetzt. Die Häufigkeit und Auswirkung beziehen sich hierbei auf den untersuchten Prozessschritt. Die Erkennbarkeit meint, inwieweit der eintretende Fehler bemerkt wird.
Die Intensität der Auswirkung wird auf einer Skala von 1 bis 10 bewertet. Wobei eins für *„kaum wahrnehmbar“* [100] und 10 für *„äußerst schwerwiegend“* [101] steht.
Ebenso wird die wahrscheinliche Häufigkeit des Fehlers auf einer Skala von 1 bis 10 bewertet. 1 steht hierbei für ein sehr geringes Auftreten und 10 für ein sehr häufiges Auftreten.
Die Erkennbarkeit wird auch auf einer Skala von 1 bis 10 bewertet. 1 steht für eine offensichtliche oder leicht erkennbare Fehlerursache und 10 für eine sehr schwer erkennbare.

Weiterhin sollten Ursachen für diese eintretenden Fehler bestimmt werden.
In einem nächsten Schritt werden diese einzelnen Bewertungen miteinander multipliziert, um so eine RPZ zu berechnen. Maximal kann eine RPZ von 1000 erreicht werden. Ist die RPZ höher als 120 sollte in den Prozessschritt eingegriffen werden. Zuletzt werden Maßnahmen definiert, welche notwendig sind um die RPZ signifikant zu senken, ebenso bei einem Einzelwert von 10.[102] Die Abbildung 19 erläutert dieses Vorgehen an einem praktischen Beispiel.

[98] vgl. (Knecht 2013)
[99] vgl. (von Below 2009)
[100] (Knecht 2013) S.82
[101] (Knecht 2013) S.82
[102] vgl. (Knecht 2013)

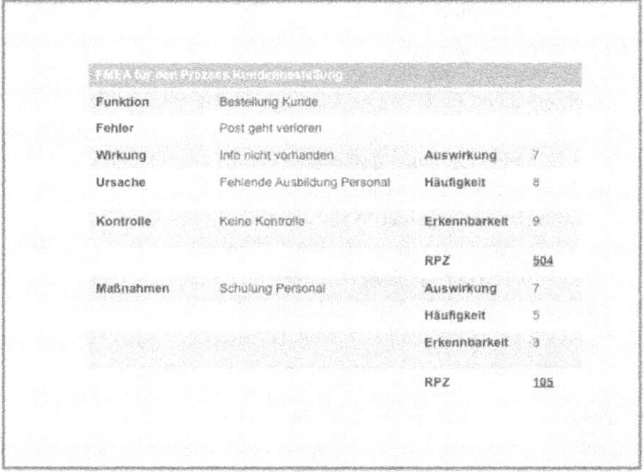

FMEA für den Prozess Kundenbestellung			
Funktion	Bestellung Kunde		
Fehler	Post geht verloren		
Wirkung	Info nicht vorhanden	**Auswirkung**	7
Ursache	Fehlende Ausbildung Personal	**Häufigkeit**	8
Kontrolle	Keine Kontrolle	**Erkennbarkeit**	9
		RPZ	504
Maßnahmen	Schulung Personal	**Auswirkung**	7
		Häufigkeit	5
		Erkennbarkeit	3
		RPZ	105

Abbildung 19 FMEA für den Prozess Kundenbestellung

vgl. (Knecht 2013)

Diese in Abbildung 19 beschriebene FMEA zeigt wie es durch eine einfache Maßnahme möglich ist, die RPZ zu senken. Die Auswirkung lässt sich dadurch nicht beeinflussen. Es ist aber möglich die Erkennbarkeit oder Häufigkeit des auftretenden Fehlers zu verringern.

- Datenschichtung (siehe 3.1)
- Arbeits- und Prüfanweisungen

Der Sinn und Zweck einer Arbeits- und Prüfanweisung ist, dass alle Personen die befähigt sind Messungen durchzuführen, diese auf die gleiche Art und Weise durchführen. Kriterien für diese Anweisungen sind, dass sie **spezifisch** sein müssen, was meint, dass verschiedene Menschen die gleichen Resultate erzielen.
Das zweite Kriterium besagt, dass sie **messbar** sein müssen und einem Datenpunkt zugeordnet werden können. Das dritte und letzte Kriterium schreibt vor, dass Arbeits- und Prüfanweisungen **nützlich** sein müssen. Sie enthalten Informationen ob Kundenwünsche erfüllt werden.[103]

- Messsystemanalyse

Ziel der Messsystemanalyse ist die Minimierung von kontrollierbaren Faktoren, die das Ausmaß der Streuung in den Daten vergrößern. Eine Messsystemanalyse besteht aus einer Reihe von Versuchen zur Bestimmung der Wiederholbarkeit und Reproduzierbarkeit eines Messsystems.[104]
Es wird mehrfach eine Reihe von Messungen durchgeführt, zum Beispiel werden dieselben Teile öfters gemessen.[105] Es wird in der Literatur auf fünf wesentliche Merkmale getestet. Diese fünf Merkmale sind die folgenden[106]

[103] vgl. (von Below 2009)
[104] vgl. (von Below 2009)
[105] vgl. (Kaufmann 2012)
[106] vgl. (von Below 2009)

- Genauigkeit
- Wiederholbarkeit
- Reproduzierbarkeit
- Stabilität
- Angemessene Auflösung

Im Gegensatz zu den oben beschriebenen kontinuierlichen Daten sind diskrete Daten gewöhnlich das Ergebnis menschlicher Bewertungen. Ebenso bestehen die Studien mit diskreten Daten aus diversen Tests, bei welchen mehrfach dieselben Teile gemessen werden, zudem ist „Blindheit" erwünscht. Zwischen den einzelnen Tests sollten Pausen geplant werden um die vorherigen Ergebnisse zu vergessen.[107]

- Verlaufsdiagramme

Verlaufsdiagramme dienen dazu, um Trends sowie Strukturen von Daten, die über einen längeren Zeitraum gesammelt wurden, zu untersuchen. Ein weiterer Vorteil von Verlaufsdiagrammen ist, sich auf Veränderungen an einem Prozess konzentrieren zu können.[108]

- Qualitätsregelkarten (QRK)

Qualitätsregelkarten bilden ähnlich wie Verlaufsdiagramme zeitlich geordnete Daten ab. QRK's sind sehr gut, um die Leistung eines Prozesses über einen längeren Zeitraum darzustellen. Es ist auch um einiges einfacher, durch Regelkarten Fehlerquellen zu identifizieren.[109] Statistische Regelgrenzen definieren dabei das Prozesspotential bzw. die Prozessfähigkeit. Genauer wird darauf in 3.2 eingegangen.

- Häufigkeitsdiagramme (siehe 3.1)
- Pareto Diagramme

Daten können am besten analysiert werden wenn sie in Kategorien eingeteilt sind. So kann die Systematik eines auftretenden Problems verstanden werden. Es kann zudem leichter entschieden werden an welchem Punkt zuerst angesetzt und verändert werden muss. Das Pareto Prinzip oder auch die 80 / 20 Regel besagt, dass etwa 80% der Probleme von nur 20% der beteiligten Faktoren verursacht werden.[110]

- Prozess Sigma

Sigma Bewertungen eines Prozesses basieren auf den Grundlagen von Prozessdaten und Spezifikationsgrenzen des entsprechenden Prozesses.[111] Oftmals wird die Redewendung benutzt „dies ist ein sechs Sigma Prozess."[112] Jedem Sigma Wert wird hierbei ein Fehler pro Million Möglichkeiten zugeordnet. Dieser Defects per Million Opportunities (DPMO) Wert wird über die Zählung der Fehlermöglichkeiten außerhalb der Spezifikationsgrenzen und der anschließenden Hochrechnung auf eine Million Fehlermöglichkeiten berechnet.[113] Ein Vorteil ist hierbei, dass der Sigma Wert ein

---

[107] vgl. (von Below 2009)
[108] vgl. (von Below 2009)
[109] vgl. (von Below 2009)
[110] vgl. (von Below 2009)
[111] vgl. (von Below 2009), vgl. (Blaese 2015)
[112] vgl. (Braun 2014)
[113] vgl. (von Below 2009)

empfindlicherer Indikator ist, als die Angabe in Prozent. Zudem fokussiert er sich auf Fehler, Abbildung 20 gibt eine Übersicht über eine einfache Prozess Sigma Skala.

DPMO	Prozess-Sigma
308.537	2
66.807	3
6.210	4
233	5
3	6
Fehler pro Million Möglichkeiten	Prozessfähigkeit

Abbildung 20 Prozess Sigma Skala

vgl. (von Below 2009)

Aus rein statistischer Sicht betrachtet, besagt die Bezeichnung Six Sigma, also die sechsfache Standardabweichung, dass der Abstand vom Zielwert eines Prozesses zur oberen bzw. unteren Grenzabweichung exakt die sechsfache Standardabweichung beträgt.

2.3.3 Analyze

Folgend werden einige Methoden dargestellt, welche hauptsächlich Anwendung in der Analyze Phase finden.[114]

- Ursache-Wirkungs-Diagramm

In einem Ursache-Wirkung-Diagramm (oder auch Ishikawa Diagramm, zurückgehend auf den Erfinder Kaoru Ishikawa) werden Ursachen graphisch dargestellt, die zu einer bestimmten Wirkung führen oder diese beeinflussen.[115] Da das Schaubild einer Fischgräte ähnlich sieht, wird auch oft das Synonym „Fischgrätendiagramm"[116] dafür verwendet. Dieses Diagramm ist sehr hilfreich bei der Analyse und auch Strukturierung von Prozessen. Abbildung 21 verdeutlicht dies.

---

[114] vgl. (von Below 2009)

[115] vgl. (Schmidt 2014)

[116] vgl. (von Below 2009)

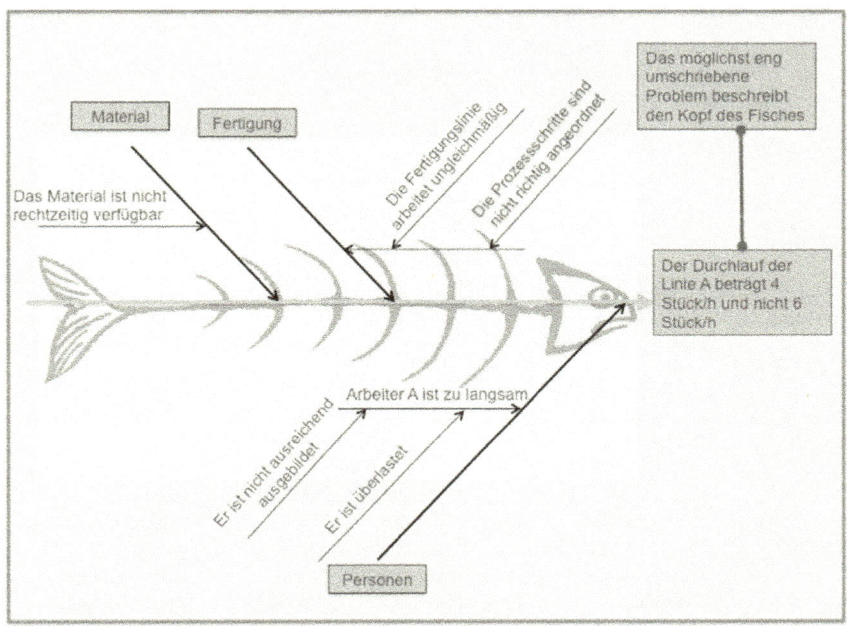

Abbildung 21 Ishikawa Diagramm

In Anlehnung an (von Below 2009)

- Geschichtete Häufigkeitsdiagramme

Siehe 3.1, hier wird dieses Vorgehen nur erwähnt um klarzustellen, dass geschichtete Häufigkeitsdiagramme erstmals in der Analyze Phase angewendet werden.

- Streudiagramme (siehe 3.1)

2.3.4 Improve

In der Improve Phase des Six Sigma Kreises werden folgende Methoden hauptsächlich angewendet.[117]

- Datensammlung (siehe 2.3.1)
- FMEA (siehe 2.3.2)
- Prozessdarstellung (siehe 2.3.1)
- Stakeholder-Analyse (siehe 2.3.1)

2.3.5 Control

In der Fachliteratur werden folgende Werkzeuge aufgeführt, die in dieser Phase eingesetzt werden.[118]

- Regelkarten (siehe 2.3.2 und 4.3)

---

[117] vgl. (von Below 2009)
[118] vgl. (von Below 2009)

- Datensammlung (siehe 2.3.2)
- Prozessdarstellung (siehe 2.3.1)
- Diagramm zum Vergleich der Situation vorher / nachher, wie Häufigkeitsdiagramme, Pareto Diagramme etc. (siehe 2.3.2)

2.4 Vergleich der beschriebenen Ansätze

	TQM	**Lean Management**	**Six Sigma**
Primäres Ziel	➢ Kundenorientierung	➢ Verschwendung reduzieren	➢ Kostensenkung
Prozess-sicht	➢ Prozesse verbessern und vereinheitlichen[119]	➢ Prozessfluss verbessern (Flow Prinzip)[120]	➢ Standardabweichung reduzieren und Prozesse verbessern[121]
Vorteile	➢ Höhere Erträge ➢ Besseres Image ➢ Erhöhung der Mitarbeiter-zufriedenheit ➢ Erhöhung Kundenzufriedenheit / Kundenbindung ➢ Gesamtes Unternehmen wird auf Qualität ausgerichtet	➢ Kostensenkung durch Fehlerreduzierung ➢ Produktqualitätssteigerung ➢ Kommunikationsfluss steigern durch flache Hierarchien (Entscheidungswege werden verkürzt) ➢ Reduktion Ausschuss, Lagerbestand, Herstellkosten	➢ Nachhaltiger Erfolg (Basis für eine neue Kultur) ➢ Ziele werden messbar gemacht ➢ Wertsteigerung für den Kunden ➢ Immerwährendes Lernen wird gefördert durch Ausbildung von Mitarbeitern ➢ Durch das Promotorenkonzept sind vor Projektbeginn Projektteilnehmer bestimmt und auch hinreichend qualifiziert ➢ Weiteres Controlling nach Projektabschluss durch QRK möglich ➢ Sofort messbare Ergebnisse ➢ Auf Projektbasis mit klarer Struktur aufgebaut ➢ Ergebnisse sind durch die Sigma Prozessbezeichnungen einfach im Top Management zu

119 vgl. (Andersson 2006)
120 vgl. (Andersson 2006)
121 vgl. (Andersson 2006)

			kommunizieren
Nachteile	➢ Komplette Unternehmenskultur muss geändert werden ➢ Braucht sehr viel Zeit in großen Unternehmen ➢ Heutzutage werden Unternehmen eher auf Quantität anstatt Qualität ausgerichtet ➢ Keine kurzfristigen Vorteile ➢ Kein konkretes Umsetzungsmodell vorhanden	➢ Einführung dauert lange ➢ Mitarbeiterabbau ➢ Widerstand von Führungspersonen, da Hierarchien abgebaut werden	➢ Mitarbeiterschulungen notwendig ➢ Komplexe Methoden ➢ Große Datengrundlage muss vorhanden sein

Tabelle 3 Vergleich der gängigsten Qualitätsmanagement Ansätze

(eigene Darstellung)

Tabelle 3 gibt eine Übersicht über die Vorteile und Nachteile, sowie das primäre Ziel, welches mit dem jeweiligen Konzept verfolgt wird. Die Prozesssicht stellt auch noch einen wichtigen Vergleichsfaktor dar. Natürlich versucht jede Methode die Prozesse zu verbessern, jede jedoch mit einem anderen Ansatz. Es wird offensichtlich, dass Six Sigma einige Vorteile aufweisen kann gegenüber den anderen beiden Ansätzen. Die größten Vorteile dabei sind die klar definierten Abläufe und Rollenverteilungen im Projekt. Ein weiterer sehr großer Vorteil sind die schnell messbaren Ergebnisse und einfache Kommunikation dieser.[122] In 3. wird deshalb genauer auf die Methode der Statistischen Prozess Regelung eingegangen, da sie ein essentieller Bestandteil des Six Sigma Ansatzes ist.

---

[122] vgl. (Andersson 2006)

3. Statistische Prozess Regelung (SPC)

Die statistische Prozess Regelung (auch: Statistische Prozesslenkung; engl: Statistical Process Control) liefert Informationen über den Zustand von Prozessen und deren Leistungsvermögen.[123] Es findet eine laufende Überwachung statt, wodurch schon während der Prozess läuft, in diesen eingegriffen werden kann.[124] Die Abkürzung SPC besteht aus zwei Begriffen. Zum einen weist er auf die Prozessregelung hin und zum Anderen auf den Einsatz der Statistik. Mit Hilfe der Statistik wird mit einer geringen Anzahl von Ergebnissen, auf die Grundgesamtheit geschlossen, um Prozesse zu regeln und zu überwachen.[125] Ein Geschäftsprozess beinhaltet eine Menge von Aktivitäten mit Eingangsgrößen (=Input) sowie einem Ergebnis (=Output).[126] Abbildung 22 gibt einen Überblick über den Ablauf der Statistischen Prozessregelung. Hierbei gibt es keinen Unterschied ob es sich um einen Produktionsprozess oder einen administrativen Prozess handelt.[127] Lediglich Prozessschritt drei, „Messgeräte und Maschinenfähigkeitsuntersuchung" entfällt bei Dienstleistungs- und Softwareprozessen.

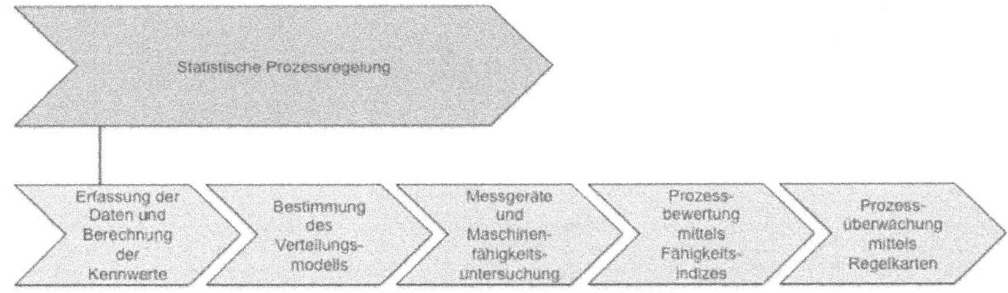

Abbildung 22 Prozessablauf SPC

vgl. (Gerboth 2001)

Durch die ständige Verschärfung des Wettbewerbs und dem somit entstehenden Kostendruck, kann es sich heutzutage keine Fertigung mehr leisten, Fehler erst im Nachhinein, durch Prüfen des fertigen Produkts, aufzudecken.[128] Es genügt nicht den Output des Prozesses zu überprüfen, sondern es muss der Prozess an sich überprüft werden, um optimale Ergebnisse zu erzielen. Selbst bei genauester Prozessüberwachung wird es niemals möglich sein, ein exakt identisches Ergebnis zu erzielen.[129] Dabei wird es immer eine Streuung um den Sollwert geben, da verschiedene Einflüsse auf den Prozess einwirken. Diese Einflussfaktoren können die Folgenden sein: [130]

- Menschen
- Maschine
- Methode, wie gemessen wurde

---

[123] vgl. (Gerboth 2001)
[124] vgl. (Gühring 2011)
[125] vgl. (Quentin 2008)
[126] vgl. (Fischer 2006)
[127] vgl. (Gerboth 2001)
[128] vgl. (Dietrich 2003)
[129] vgl. (Dietrich 2003)
[130] vgl. (Quentin 2008)

- Material
- Mitwelt (Umwelt)

Ziel der SPC ist es, durch Stichprobenprüfungen und unter der Verwendung mathematisch-statistischer Anwendungen Aussagen über den Prozess zu bekommen, um Störungen oder Fehler frühzeitig zu erkennen und zu verbessern.[131] Die wichtigsten Instrumente der SPC sind die unterschiedlichen Typen von Fähigkeitsindizes und Regelkarten.[132]

3.1 Statistische Grundlagen

Die Statistik dient dazu Messerscheinungen zu quantifizieren und zu interpretieren. Dadurch werden Rückschlüsse auf die Grundgesamtheit gezogen, basierend auf einer Stichprobe.[133] Da Six Sigma auf Statistik basiert, werden in 3.1 für die Statistische Prozess Regelung wichtige statistische Verfahren, Diagramme und Berechnungen erläutert.

- Mittelwert

Das arithmetische Mittel, kurz Mittelwert $\overline{X}$ ergibt sich aus der Summe aller Merkmalswerte, geteilt durch die Anzahl der Merkmalswerte.[134]

- Medianwert

Um einen weiteren Lage Wert, den Medianwert $\widetilde{X}$ zu erhalten, ordnet man die Ergebnisse nach der Größe und berechnet ihn je nach Stichprobenumfang folgendermaßen:[135]

$$\widetilde{X} = x_{\frac{n+1}{2}} \text{; für } n = \text{ungerade}$$

Formel 1 Medianwert mit ungerader Anzahl an Werten

vgl. (von Below 2009)

Beispiel Zahlenfolge: 14;11;15;17;10

Zahlen ordnen: 10; 11; 14; 15; 17

i = Index für geordnete Reihenfolge

$\widetilde{X} = x_{\left(\frac{5+1}{2}\right)} = x_3 = 14$

$$\widetilde{X} = \frac{\left(x_{\left(\frac{n}{2}\right)} + x_{\left(\frac{n}{2}+1\right)}\right)}{2} \text{; für } n = \text{gerade}$$

Formel 2 Medianwert mit gerader Anzahl an Werten

vgl. (von Below 2009)

---

[131] vgl. (Dietrich 2003)
[132] vgl. (Gerboth 2001)
[133] vgl. (Quentin 2008)
[134] vgl. (Quentin 2008)
[135] vgl. (Quentin 2008)

Beispiel Zahlenfolge: 14;11;15;17;13;19

Zahlen ordnen: 11; 13; 14; 15; 17; 19

i = Index für geordnete Reihenfolge

$$\tilde{X} = \frac{\left(x_{\left(\frac{6}{2}\right)} + x_{\left(\frac{6}{2}+1\right)}\right)}{2} = \frac{(x_3 + x_4)}{2}$$

$$\tilde{X} = \frac{(14 + 15)}{2} = 14{,}5$$

- Standardabweichung

Ebenso ist die Streuung der Ergebnisse eine sehr wichtige Kenngröße. Ein Maß dafür ist die Standardabweichung s oder auch σ.

$$S = \sqrt{S^2} := \sqrt{\frac{n}{n-1}\sum_{i=1}^{n}(X_i - \overline{X})^2}$$

Formel 3 Standardabweichung

vgl. (Quentin 2008)

Das Quadrat der Standardabweichung s^2 wird mit Varianz bezeichnet.

- Spannweite

Die Spannweite ist die Differenz zwischen dem größten und kleinsten Wert einer Datensammlung.[136]

$R = X_{max} - X_{min}$

X_{max} = Maximalwert

X_{min} = Minimalwert

Die Spannweite ist ein gröberes Maß für die Streuung, da Zwischenwerte weitestgehend unberücksichtigt bleiben.

- Normalverteilung

Werden die Häufigkeit des Auftretens den einzelnen Ergebnissen zugeordnet, so erhält man eine charakteristische Verteilung, welche in Abbildung 23 dargestellt ist.

[136] vgl. (Quentin 2008)

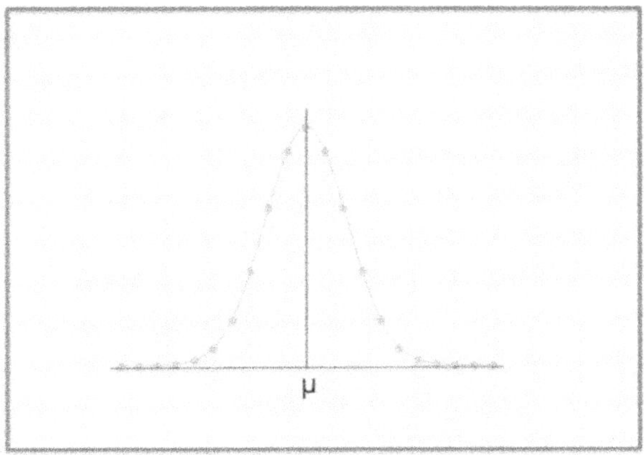

Abbildung 23 Normalverteilung Graphik

vgl. (Hemmrich 2014)

Der Erwartungswert µ verschiebt die Funktion auf der x-Achse. Zudem hat die Normalverteilung immer ihr Maximum an der Stelle von µ.[137] Der größte Vorteil hierbei ist, dass diese Verteilung durch die Formel 4 mathematisch beschrieben werden kann.[138]

$$f(x) = \frac{1}{\sqrt[\sigma]{2\pi}} e^{-\frac{1}{2}(\frac{x-\mu}{\sigma})^2}$$

Formel 4 Normalverteilung

vgl. (Quentin 2008)

➢ Schiefe Verteilung

Eine weitere, häufig auftretende Verteilung, ist die schiefe Verteilung. Sie tritt meist bei einer einseitigen, natürlich begrenzten Verteilung der Ergebnisse auf. Die Zugfestigkeit eines Materials hat z.B. einen bestimmten Maximalwert.[139] Abbildung 24 beschreibt eine solche schiefe Verteilung. Die Verteilung hat ebenso wie die Normalverteilung ihr Maximum an der Stelle von µ.

---

[137] vgl. (Hemmrich 2014)
[138] vgl. (Quentin 2008)
[139] vgl. (Quentin 2008)

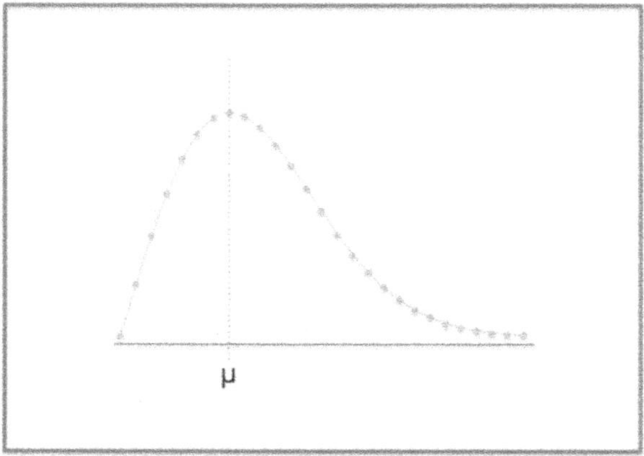

Abbildung 24 Schiefe Verteilung

vgl. (Quentin 2008)

- Stichprobennahme

Als Erfassung von Stichproben wird die Aufnahme eines repräsentativen Anteils des gesamten Datenmaterials bezeichnet. Stichproben werden erfasst, weil die Aufnahme des gesamten Datenmaterials zu teuer oder auch oftmals zu aufwendig für ihren endgültigen Nutzen wäre. Bei Untergruppen empfiehlt es sich, während des Prozesses Stichproben zu ziehen. Systematische Stichproben oder Stichproben von Untergruppen gewährleisten, dass diese repräsentativ sind.[140] Hilfreich ist auch das Erstellen einer Regelkarte. Auf diese Thematik wird genauer in 4.3 eingegangen. Mit dieser Regelkarte kann bestimmt werden, ob der Prozess stabil oder instabil ist. Mithilfe der in Formel 5 dargestellten Formeln kann die Stichprobengröße zur Schätzung weiterer Kennzahlen herangezogen werden.

$$n = (\frac{2s}{d})^2$$

d = Präzision

n = Stichprobengröße

Formel 5 Stichprobengröße zur Schätzung eines Durchschnittes (z.B. Durchlaufzeit)

vgl. (von Below 2009)

[140] vgl. (Braun 2014)

$$n = (\frac{2s}{d})^2 (p)(1-p)$$

p = Anteil
s = Standardabweichung

Formel 6 Stichprobengröße zur Schätzung eines Anteils (z.B. Ausschussrate in %)

vgl. (von Below 2009)

Dabei ist die Präzision, die Abweichung vom Schätzwert eines Merkmals. Beispielsweise geschätzte Bearbeitungszeit ± 2 Tage oder die geschätzte Ausschussquote ± 5%.

➢ Prozessfähigkeit

Prozessfähigkeitsmessgrößen sind statistische Messgrößen, die das Ausmaß der Streuung in einem Prozess beschreiben.[141] Dabei wird das langfristige Verhalten eines Prozesses unter Berücksichtigung aller Einflussfaktoren erfasst. Hierbei wird in der Literatur zwischen Cp und Cpk unterschieden, die sich wie folgt berechnen lassen:[142]

$$C_p = \frac{OSG - USG}{6\sigma}$$

Formel 7 Leistung eines Prozesses

vgl. (Gerboth 2001)

$$C_{pk} = \frac{\min\{OSG - \mu;\ \mu - USG\}}{3\sigma}$$

Bzw. $C_{pk} = C_p(1-k)$

Formel 8 Leistung eines Prozesses durch Miteinbeziehung der Lage des Mittelwertes

vgl. (Gerboth 2001)

Der C_p Wert ist ein Maß für die Leistung eines Prozesses. Bei dem C_{pk} Wert wird zusätzlich die Lage des Mittelwertes zu den Spezifikationsgrenzen berücksichtigt und gibt somit die tatsächliche Prozessperformance wieder.[143] Die Werte, ab wann ein Prozess als fähig bezeichnet wird, sind nicht klar definiert. Üblicherweise jedoch gilt ein Prozess ab einem Wert von 1,0 für C_p und C_{pk} als beschränkt fähig.[144]Ab einem Wert von über 1,33 gilt der Prozess als uneingeschränkt fähig. Dieser Wert entspricht bei Normalverteilung der Daten einer Toleranzbreite von $\pm 6\sigma$.[145]

---

[141] vgl. (Quentin 2008)
[142] vgl. (Gerboth 2001)
[143] vgl. (Gerboth 2001)
[144] vgl. (Gerboth 2001)
[145] vgl. (Gerboth 2001)

- Spezifikationsgrenzen

Es kann sich sowohl um die Überwachung des Erwartungswertes μ mit einer $\overline{X}$-Karte oder um die Überwachung der Standardabweichung σ mit einer s-Karte handeln.

Die Eingriffsgrenzen der $\overline{X}$-Karte werden wie folgt berechnet:

$$\text{OEG} = \text{Obere Eingriffsgrenze} = \mu + 2{,}576 * \frac{\sigma}{\sqrt{n}} = \mu + z_{0,995} * \frac{\sigma}{\sqrt{n}}$$

Formel 9 Berechnung der oberen Eingriffsgrenze bei einer $\overline{\boldsymbol{X}}$*- Karte*

vgl. (Gühring 2011)

$$\text{UEG} = \text{Untere Eingriffsgrenze} = \mu - 2{,}576 * \frac{\sigma}{\sqrt{n}} = \mu - z_{0,995} * \frac{\sigma}{\sqrt{n}}$$

Formel 10 Berechnung der unteren Eingriffsgrenze bei einer $\overline{\boldsymbol{X}}$*-Karte*

vgl. (Gühring 2011)[146]

Die Berechnung der Warngrenzen einer $\overline{X}$-Karte:

$$\text{OWG} = \text{Obere Warngrenze} = \mu + 1{,}96 * \frac{\sigma}{\sqrt{n}} = \mu + z_{0,975} * \frac{\sigma}{\sqrt{n}}$$

Formel 11 Berechnung der oberen Warngrenze bei einer $\overline{\boldsymbol{X}}$*-Karte*

vgl. (Gühring 2011)[147]

$$\text{UWG} = \text{Untere Warngrenze} = \mu - 1{,}96 * \frac{\sigma}{\sqrt{n}} = \mu - z_{0,975} * \frac{\sigma}{\sqrt{n}}$$

Formel 12 Berechnung der unteren Warngrenze bei einer $\overline{\boldsymbol{X}}$*-Karte*

vgl. (Gühring 2011)[148]

---

[146] vgl. (Gühring, Statistik Vorlesung - Kapitel 6: Statistische Qualitätskontrolle 2011)
[147] vgl. (Gühring, Statistik Vorlesung - Kapitel 6: Statistische Qualitätskontrolle 2011)
[148] vgl. (Gühring, Statistik Vorlesung - Statistische Qualitätskontrolle 2011)

Die Berechnung der Eingriffsgrenzen einer s-Karte:

$$\mathrm{OEG} = \text{Obere Eingriffsgrenze} = \sigma * \sqrt{\frac{X^2{}_{n-1;0,995}}{n-1}}$$

Formel 13 Berechnung der oberen Eingriffsgrenze einer s-Karte

vgl. (Gühring 2011)[149]

$$\mathrm{UEG} = \text{Untere Eingriffsgrenze} = \sigma * \sqrt{\frac{X^2{}_{n-1;0,005}}{n-1}}$$

Formel 14 Berechnung der unteren Eingriffsgrenze einer s-Karte

vgl. (Gühring 2011)[150]

Die Berechnung der Warngrenzen einer s-Karte:

$$\mathrm{OWG} = \text{Obere Warngrenze} = \sigma * \sqrt{\frac{X^2{}_{n-1;0,975}}{n-1}}$$

Formel 15 Berechnung der oberen Warngrenze einer s-Karte

vgl. (Gühring 2011)[151]

$$\mathrm{UWG} = \text{Untere Warngrenze} = \sigma * \sqrt{\frac{X^2{}_{n-1;0,925}}{n-1}}$$

Formel 16 Berechnung der unteren Warngrenze einer s-Karte

vgl. (Gühring 2011)[152]

Diese Bestimmung der Spezifikationsgrenzen ist der erste Schritt, der durchgeführt wird, wenn eine QRK für einen Prozess erstellt werden soll.

- Datenschichtung

Unter dieser Methode wird die Einteilung von Daten in bestimmte Gruppen verstanden. Dies hat den Vorteil, dass sich klar gemacht wird, wo und warum bestimmte Fehler gehäuft auftreten.[153] Typische Datenschichtungen werden beispielsweise nach folgenden Kriterien sortiert:[154]

---

[149] vgl. (Gühring, Statistik Vorlesung - Kapitel 6: Statistische Qualitätskontrolle 2011)
[150] vgl. (Gühring, Statistik Vorlesung - Statistische Qualitätskontrolle 2011)
[151] vgl. (Gühring, Statistik Vorlesung - Statistische Qualitätskontrolle 2011)
[152] vgl. (Gühring, Statistik Vorlesung - Kapitel 6: Statistische Qualitätskontrolle 2011)

- Wer: Welche Personen, Abteilungen oder Unternehmen sind beteiligt?
- Was: Welche Maschinen, Ausrüstungen, Produkte, Leistungen oder Lieferungen sind betroffen?
- Wo: An welchem Ort tritt der Fehler auf?
- Wann: Zu welchem Zeitpunkt im Laufe eines Tages oder einer Woche bzw. in welchem Prozessschritt tritt der Fehler auf?

Eine Datenschichtung könnte dabei wie folgt aussehen:

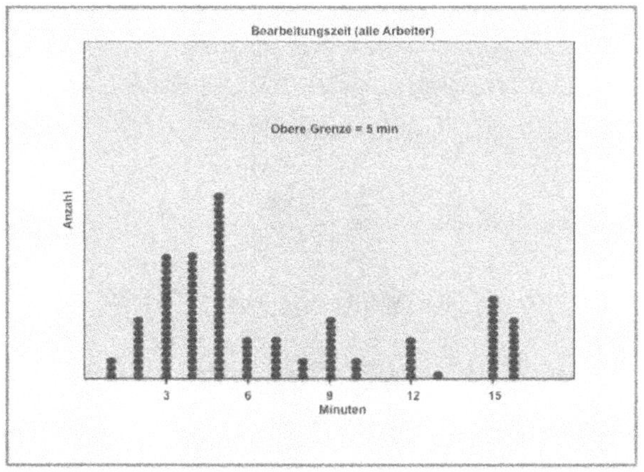

Abbildung 25 Datenschichtung alle Arbeiter

vgl. (von Below 2009)

[153] vgl. (Krosild 2003)

[154] (von Below 2009) S.39

Weiterhin wäre es, um bei diesem Beispiel zu bleiben, möglich die Bearbeitungszeit auf die einzelnen Arbeiter A, B und C zu verteilen, um ein genaueres Bild über den Prozess zu bekommen.

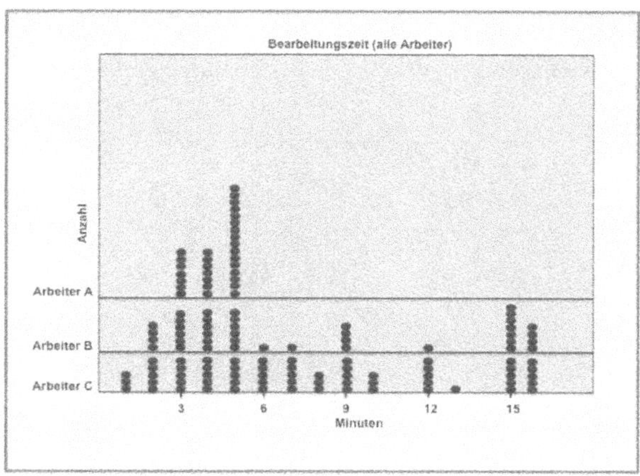

Abbildung 26 Datenschichtung Einteilung in Arbeiter

vgl. (von Below 2009)

- Häufigkeitsdiagramme

Häufigkeitsdiagramme zeigen die Form oder Verteilung von Daten, indem sie die Häufigkeit abbilden, mit der einzelne Daten auftreten. Sie fassen Daten von Prozessen zusammen und stellen die Häufigkeitsverteilungen in Form von Balkendiagrammen grafisch dar. Dabei kann dies über ein Punktdiagramm, wie in Abbildung 27 zu sehen, erfolgen.

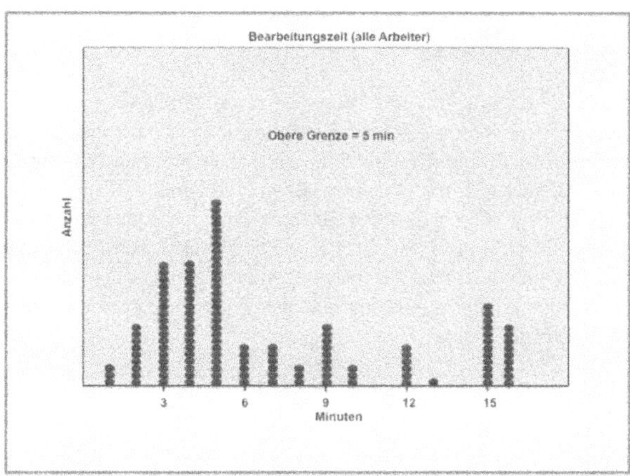

Abbildung 27 Punktdiagramm

vgl. (von Below 2009)

Eine weitere Möglichkeit Häufigkeitsdiagramme darzustellen besteht darin, ein Histogramm zu benutzen, welches in Abbildung 28 dargestellt wird. Bei einem Histogramm werden die Zählungen durch die Höhe der Balken dargestellt, während bei Punktdiagrammen die einzelnen Datenwerte durch einfache Symbole ausgedrückt werden.[155]

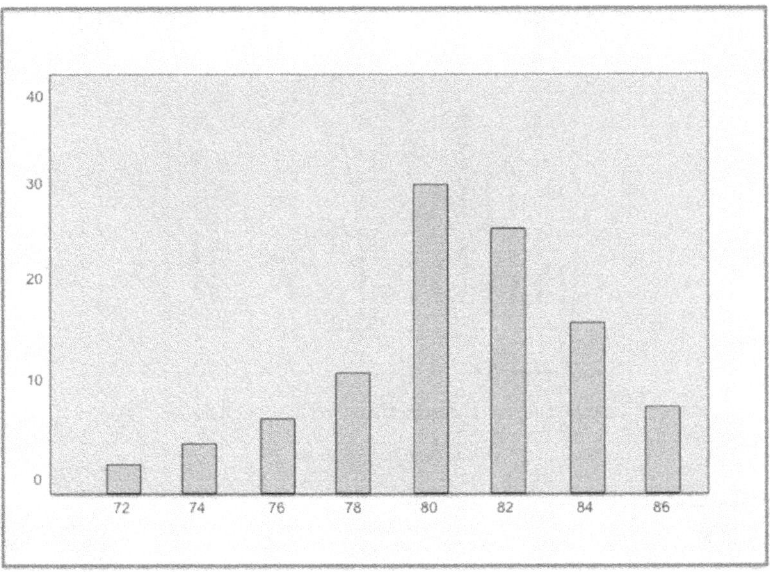

Abbildung 28 Histogramm

vgl. (von Below 2009)

- Geschichtete Häufigkeitsdiagramme

Oftmals ist es in der Praxis der Fall, dass eine Variable durch kontinuierliche Daten und eine andere Variable durch diskrete Daten repräsentiert wird. Hierfür eignen sich besonders geschichtete Häufigkeitsdiaramme um dies darzustellen. Ein Praxisbeispiel hierzu wäre, dass die Bearbeitungszeit an bestimmten Wochentagen länger dauert als an anderen.[156] Abbildung 29 zeigt ein solches geschichtetes Häufigkeitsdiagramm. In diesem Fall wurde die X-Achse den diskreten Daten zugeordnet, also den Wochentagen einer Arbeitswoche. Die Y-Achse wurde den kontinuierlichen Daten zugeordnet, in diesem Fall also der Bearbeitungszeit. Hauptunterschied hierbei ist, dass die diskreten Daten nur vordefinierte Werte annehmen können, wohingegen die kontinuierlichen Daten jeden Wert von Null bis unendlich annehmen können.

---

[155] vgl. (Quentin 2008)
[156] vgl. (von Below 2009)

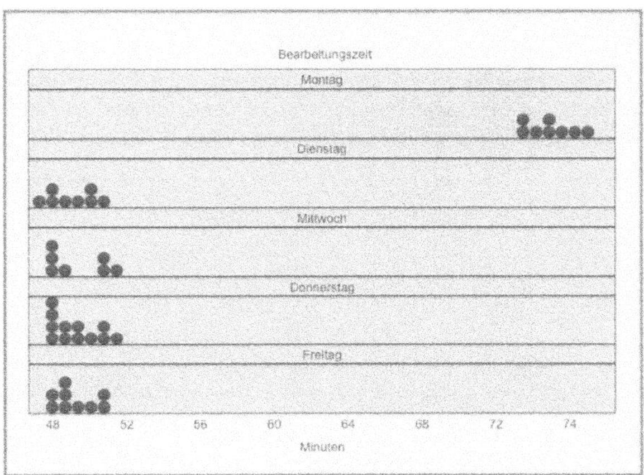

Abbildung 29 Geschichtetes Häufigkeitsdiagramm

vgl. (von Below 2009)

- Streudiagramme

Mit Streudiagrammen wird geprüft, ob eine Variable mit einer anderen Variablen in Beziehung steht, also korreliert ist. Je enger hierbei die Punkte zusammenliegen, desto stärker ist die Korrelation. Führt beispielweise eine Erhöhung der X-Werte zu einer Erhöhung der Y-Werte, so spricht man von einer positiven Korrelation. Führt jedoch eine Erhöhung der X-Werte zu einer Verringerung der Y-Werte so spricht man von einer negativen Korrelation.[157]

3.2 Anwendung der SPC auf Produktionsprozesse

Lange Zeit wurde den Produktionsprozessen der Industrieunternehmen sehr große Aufmerksamkeit geschenkt und das Primärziel war, Kosten zu senken und Fehler zu minimieren. Heute sind zwar nicht alle, aber jedoch sehr viele Abläufe in der Produktion weitestgehend geregelt, standardisiert und auch optimiert.
Die DIN EN ISO 9000:2000 zählt Verfahrenstechnische Produkte (z.B Kühlflüssigkeit, Granulat), sowie Hardware (Zahnrad, Stuhl) zu materiellen Produkten von Produktionsprozessen.[158]
Verfahrenstechnische Prozesse wären zum Beispiel die Erzeugung von Rohstoffen, Holz, Erdöl o.ä. Zu dem Output von **Hardwareprozessen** werden materielle Dinge gezählt, die durch Fertigung und Montage hergestellt werden. Ihr Input besteht aus Rohmaterialien und Halberzeugnissen, die durch Weiterverarbeitung zu einem Endprodukt fertig gestellt werden.[159] Qualitätsregelkarten finden vor allem regen Einsatz in der Produktion um hier Prozesse zu überwachen. Im Kopf ist der Typ der Regelkarte zu kennzeichnen.[160]

---

[157] vgl. (Montgomery 2009)
[158] vgl. (Baust 2005)
[159] vgl. (Fischermanns 2006)
[160] vgl. (Quentin 2008)

Zur Sichtbarmachung der Prozessergebnisse und laufenden Überwachung des Prozesses werden Werte in diese QRK eingetragen. Die QRK zeigt die Ergebnisse des Prozesses nach Lage und Streuung im zeitlichen Verlauf. Man erkennt somit den richtigen Zeitpunkt an welchem man regelnd eingreifen muss. Darüberhinaus dient die QRK auch als Dokumentationsmedium. Wie oft Stichproben entnommen werden bleibt dem jeweiligen Prozess Manager überlassen oder der dafür beauftragten Person. Folgend ist eine QRK Regelkarte mit bereits aufgenommenen Werten zu sehen.

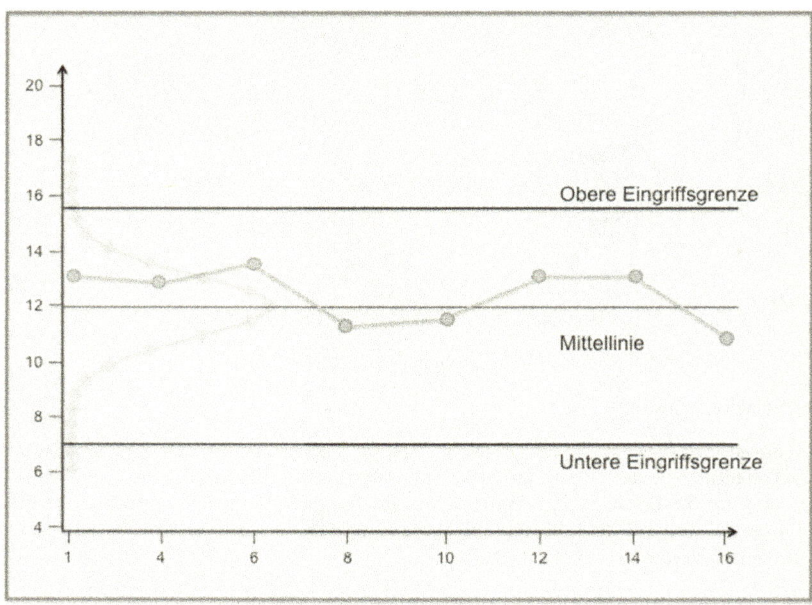

Abbildung 30 Darstellung einer QRK aus einem fiktiven Produktionsprozess

In Anlehnung an (Gerboth 2001)

Bei normal verteilten Daten schwanken die Werte oberhalb und unterhalb der Mittellinie. Auf der X-Achse werden die Stichprobennummern oder der Zeitpunkt abgetragen. Auf der Y-Achse wird der Messwert notiert. Anschließend werden die einzelnen Messpunkte miteinander verbunden um so Trends bzw. Entwicklungen zu visualisieren. Die Abbildung 31 gibt eine Übersicht über die gebräuchlichsten Qualitätsregelkarten.

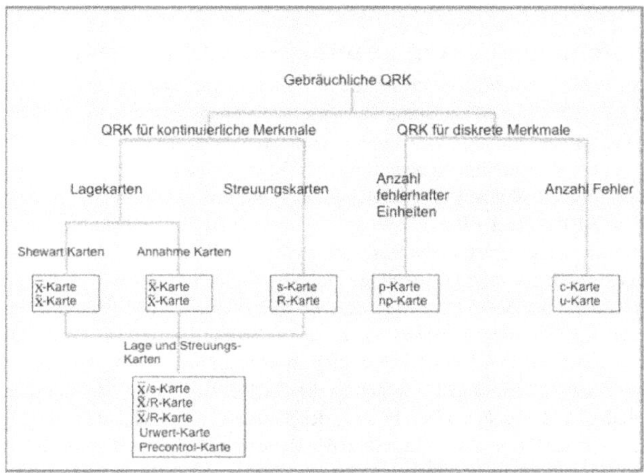

Abbildung 31 Übersicht Qualitätsregelkarten

In Anlehnung an (Gerboth 2001)

Zu den QRK für kontinuierliche Merkmale gehören Lagekarten und Streuungskarten. Lagekarten behandeln hierbei Mittelwerte sowie Medianwerte. Streuungskarten können dabei Standardabweichungskarten oder Spannweitenkarten sein. Die wohl häufigste im Produktionsbereich eingesetzte Regelkarte ist die $\bar{x}$ / s –Karte. Shewart-Karten werden verwendet, wenn ein bereits beherrschter Prozess überwacht werden soll. Sie geben an, was der Prozess tatsächlich leistet. Annahme-Karten geben im Gegensatz zu Shewart-Karten wieder was von dem Prozess gefordert wird. Eine vereinfachte Annahme-Karte stellt die Precontrol-Karte dar. Hier bilden die Spezifikationsgrenzen auch die Eingriffsgrenzen. Bei der Urwert Karte werden die Messergebnisse direkt in die Karte eingetragen, ohne davor zusammengefasst zu werden. Da schon ein Extremwert zum Eingreifen in den Prozess führen kann werden diese Karten auch als Extremwert-Karten bezeichnet.[161] Zu den QRK für diskrete Merkmale werden zum einen p-Karten und np-Karten für gut / schlecht oder ja / nein gezählt. p-Karten zählen dabei den Anteil an fehlerhaften Teilen, wohingegen np-Karten die Anzahl die Anzahl der fehlerhaften Teile zählt. c-Karten werden dabei für die Anzahl Fehler je Stichprobe verwendet und u-Karten für die Anzahl Fehler je Einheit.

Eine weitere zusätzliche Karte stellt die Pearson-Karte dar. Sie kann bei eingipfligen schiefen Verteilungen eingesetzt werden. Vorteil dabei ist, dass Schiefe und Wölbung bei der jeweiligen Berechnung der Eingriffsgrenzen miteinbezogen werden.[162]

Welche QRK bei administrativen Prozessen zum Einsatz kommen wird in 4. erläutert.

---

[161] vgl. (Gerboth 2001)

[162] vgl. (Quentin 2008)

4. Qualitätsmanagement in administrativen Prozessen

Der Qualitätsbegriff in administrativen Prozessen ist weitaus komplexer und nicht so einfach definiert, wie die Qualität von Produkten. Nach Bruhn[163] wird z.B. die Dienstleistungsqualität wie folgt definiert: „Dienstleistungsqualität ist die Fähigkeit eines Anbieters, die Beschaffenheit einer primär intangiblen und der Kundenbeteiligung bedürfenden Leistung gemäß der Kundenerwartungen auf einem bestimmten Anforderungsniveau zu erstellen. Sie bestimmt sich aus der Summe der Eigenschaften bzw. Merkmale der Dienstleistung, bestimmten Anforderungen gerecht zu werden“.[164] Nach dieser Definition ist die Qualität die Beschaffenheit einer Leistung, die ein bestimmtes Leistungsniveau repräsentiert. Diese Erwartungen legt der Kunde selbst fest.[165] Somit setzt sich die Qualität für den Kunden aus zwei Faktoren zusammen. Zum einen aus der gelieferten und wahrgenommenen Dienstleistung, zum anderen aus den Erwartungen an diese Dienstleistung.[166] Da Dienstleistungsprozesse, wie in 4.1 beschrieben auch zu den administrativen Prozessen gezählt werden, wird nun deutlich, dass es nicht einfach ist die Qualität in administrativen Prozessen zu verbessern. Nach dem in 3. beschriebenen Prozess der Statistischen Prozess Regelung, ist der erste Schritt die „Erfassung der Daten und Berechnung der Kennwerte“. Doch schon bei der Definition des Qualitätsbegriffes der Administrativen Prozesse zeigt sich, dass hier weitaus mehr Faktoren miteinbezogen werden müssen als in Produktionsprozessen.

4.1 Administrative Prozesse in Unternehmen

Nach dem Ansatz des Prozessmanagements sind Prozesse wie in Abbildung 32 dargestellt, eingeteilt. Die administrativen Prozesse werden dabei generell den Unterstützenden Prozessen zugeordnet. Management Prozesse sind für die Koordination der Kern-, Unterstützenden Prozesse zuständig. Die Kernprozesse umfassen alle Prozesse die zur Wertschöpfung des Unternehmens beitragen. Bei einem Automobilhersteller wären diese Kernprozesse z.B. die Produktion von Autos.

---

[163] vgl. (Bruhn 2011)
[164] (Bruhn 2011) S.38
[165] vgl. (Bruhn 2011)
[166] vgl. (Bruhn 2011)

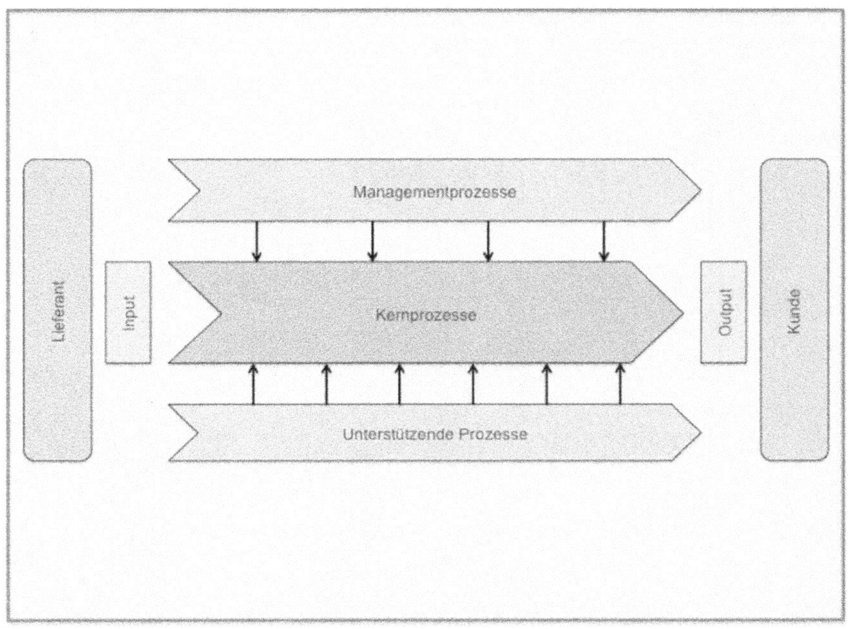

Abbildung 32 Allgemeines Prozessmodell eines Unternehmens

(eigene Darstellung)

Nach der DIN EN ISO 9000:2000 werden administrative Prozesse (oder auch: Nichtproduktionsprozesse) weiter unterteilt in Dienstleistungs-, Software- und Informationsprozesse.[167]

Ein Dienstleistungsprozess stellt das Erbringen von Dienstleistungen dar. Eine Dienstleistung ist ein immaterielles Produkt, welches nicht lager- und transportierbar ist.[168] Zudem bedarf es des Kundenkontaktes. Dies kann sowohl direkter, als auch indirekter Kontakt sein. Möglich ist auch die Bearbeitung eines vom Kunden bereitgestellten Objekts. Typische Dienstleistungsprozesse sind das Beraten von Kunden, Auftragsabwicklungen, Reklamationsannahmen, Neukundenaufnahme oder das Transportieren von Waren. „Softwareprozesse hingegen sind Tätigkeiten zur Erstellung von Software und Informationen“[169] Diese Produkte sind ebenfalls immateriell. Es ist aber möglich, diese mittels eines Mediums zu lagern. Zudem bedarf es bei dieser Art der Produkte keines Kundenkontaktes.[170] Abbildung 33 gibt einen Überblick über einzelne Geschäftsprozesse. In dieser Arbeit wird primär den Dienstleistungsprozessen eines Unternehmens Aufmerksamkeit geschenkt. Softwareprozesse haben ihre Daseinsberechtigung im administrativen Bereich. Sie sind jedoch vorwiegend für die Infrastruktur des Verwaltungsbereiches zuständig. Es kann gesagt werden, dass zum Beispiel die Verfügbarkeit

---

[167] vgl. (Baust 2005)
[168] vgl. (Baust 2005)
[169] (Baust 2005) S.19
[170] vgl. (Baust 2005)

eines Servers im administrativen Bereich gleichgesetzt werden kann mit der Maschinenverfügbarkeit einer Maschine in der Produktion.[171]

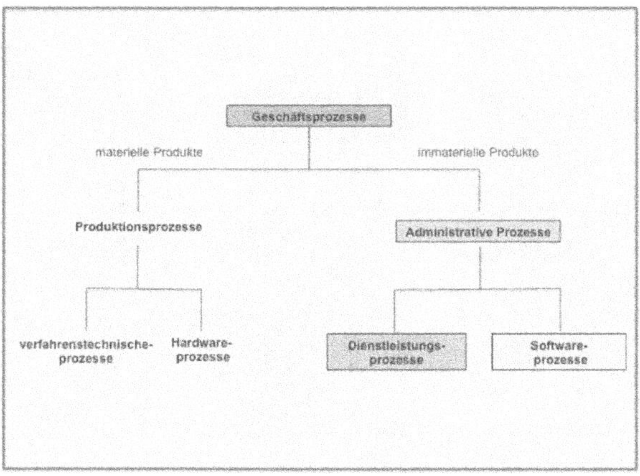

Abbildung 33 Klassifizierung von Prozessen nach ihrem Output

In Anlehnung an (Gerboth 2001)

Der Server stellt die Verfügbarkeit der IT-Systeme eines Unternehmens dar, mit denen Mitarbeiter arbeiten. Wäre z.B. die SAP Software eines Logistik Unternehmens aufgrund von Server Problemen nicht mehr verfügbar, wäre es unmöglich für Mitarbeiter des administrativen Bereichs ihrer Arbeit nachzugehen. Einige Unternehmen sind im Bereich der Softwareprozesse schon so weit optimiert, dass auf Dashboards im Eingangsbereich des Unternehmens die Serververfügbarkeit in Echtzeit in Form einer Graphik dargestellt wird.[172] Diese Dashboards sind in diesem Fall Bildschirme, welche die Verfügbarkeit graphisch im Zeitverlauf darstellen.
Konkrete Beispiele für Administrative Prozesse, die mittels SPC erfasst und geregelt werden können, sind folgende Prozesse:

- Maschinenverfügbarkeit pro Woche
- Anzahl Reklamationen pro Tag
- Anzahl unbezahlter Rechnungen pro Woche
- Auftragsannahmen pro Woche
- Debitorenmanagementprozess pro Zeiteinheit
- Kreditorenmanagementprozess pro Zeiteinheit
- Bestellanforderungsprozess pro Zeiteinheit
- Projektabwicklungsprozess pro Zeiteinheit (schwer bei Carl Zeiss, zu wenig Projekte)
- Mitarbeiterproduktivität (Umsatz/MA Anzahl) pro Zeiteinheit
- Krankenstand (Ausfall Tage /Arbeitstage im Jahr) pro Zeiteinheit
- Kunden Akquisitionsrate (Neue Kunden / Bekannte Kunden) pro Zeiteinheit
- Entgegen genommen Anrufe im Sekretariat pro Zeiteinheit
- Forschungsintensität (F & E Aufwand /Umsatz) pro Zeiteinheit

---

[171] vgl. (K. Brunner 2015)
[172] vgl. (Blaese 2015)

- Vorschlagsquote neuer Ideen (Anzahl eingereichte Vorschläge /MA Anzahl) pro Zeiteinheit
- Verwaltungsaufwand (Aufwand / Umsatz) pro Zeiteinheit

4.2 Kennzahlenerhebung für Nichtproduktionsprozesse

Kennzahlensysteme und Kennzahlen gehören zu den essenziellen Instrumenten der Unternehmensleitung. Sie erhöhen die Transparenz für das Management und ermöglichen somit eine quantitative Abbildung der Unternehmensziele.[173] Kennzahlen sind dabei numerische Größen, die Informationen über Tatbestände und Entwicklungen in quantitativer Form liefern. Prozesskennzahlen liefern Informationen über prozessbezogene Sachverhalte. Sie beschreiben einzelne Geschäftsprozesse und lassen sich in diesem Hinblick in intrinsische und extrinsische Prozesskennzahlen einteilen. Extrinsische Prozesskennzahlen beschreiben dabei einen Prozess von außen betrachtet. Intrinsische Prozesskennzahlen bezeichnen Kenngrößen, welche von außen nicht ersichtlich sind. Fehler während der Erstellung eines Produktes sind zum Beispiel für den Kunden nicht ersichtlich. Diese Definition ist insofern wichtig, da es sich bei administrativen Prozessen sehr oft um intrinsische Prozesskennzahlen handelt.

Die systematische Auswertung aller Geschäftsprozesse wird in der Praxis jedoch vermisst. Das Unternehmen der PricewaterhouseCoopers AG hat dazu eine Befragung durchgeführt. Es wurden 239 Unternehmen in Deutschland und Österreich, im Zeitraum von Oktober bis November 2010 befragt. Dies führte zu folgendem Ergebnis:[174]

---

[173] vgl. (Müller 2011)

[174] vgl. (Müller 2011)

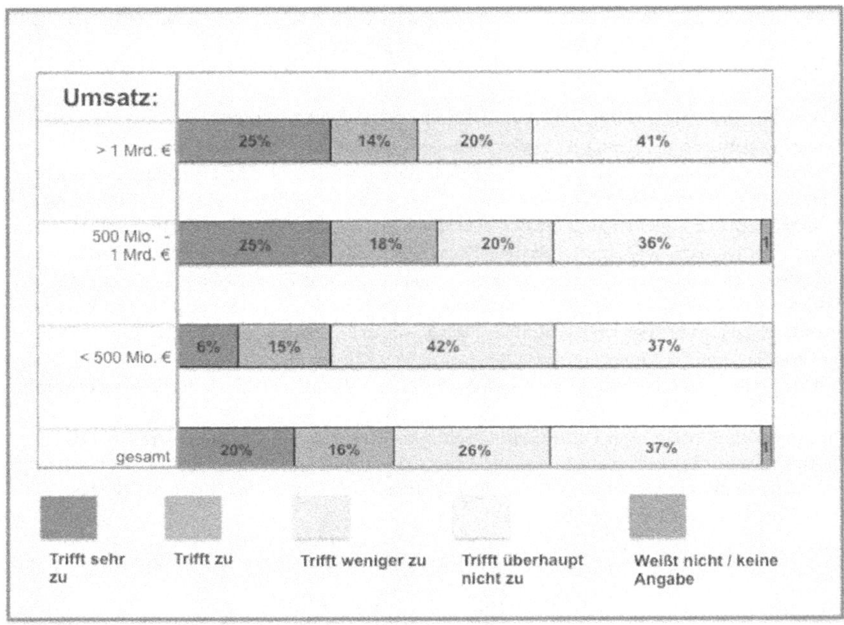

Abbildung 34 Systematische Kennzahlenerhebung aller Prozesse nach Unternehmensgröße

vgl. (Müller 2011)

Die Einteilung erfolgte in Unternehmen mit > 1 Mrd. € Umsatz, Unternehmen mit einem Umsatz zwischen 500 Mio. € und 1 Mrd. € und Unternehmen mit einem Umsatz < 500 Mio. €
Die Abbildung 34 verdeutlicht, dass vor allem in kleinen sowie mittelständischen Unternehmen keine systematische Kennzahlenerhebung stattfindet. Hier besteht noch einiges an Potenzial, sei es um in einem ersten Schritt eine Erhebung durchzuführen oder auch in weiteren Schritten diese Abläufe systematisch zu optimieren. Selbst größere Unternehmen mit einem Umsatzvolumen > 1 Mrd. € führen nicht alle eine systematische Kennzahlenerhebung durch. Dies untermauert die Kernaussage dieser Arbeit, dass Qualitätsmanagement in administrativen Prozessen bis dato weitgehend unbeachtet geblieben ist. Um administrative Prozesse zu regeln bedarf es Kennzahlen. Falls diese nicht vorhanden sind, müssen sie erst definiert werden.[175] In einem nächsten Schritt ist es möglich die Methoden der SPC auf diese Datenbasis anzuwenden. Aufgrund dessen sollte die Datenbasis an Kennzahlen so groß wie möglich sein. Mögliche Kennzahlen in administrativen Prozessen können nach Baust[176] die folgenden sein:

- Steigerung der Kundenzufriedenheit
- Index der Kundenzufriedenheit
- Zufriedenheit bzw. gelieferte Serviceleistungen

[175] vgl. (Gerboth 2001)
[176] vgl. (Baust 2005)

- Anzahl der Problemmeldungen
- Kundenzufriedenheit mit Problembearbeitung

Sensibilisierung der Kunden bezüglich der IT Kosten

- Transparenz bzgl. der IT Kosten
- Wartungskosten
- 24-Stunden Verfügbarkeit
- Anzahl IT Kundenmeldungen
- Anzahl der selbst gelösten IT Kundenmeldungen
- Anzahl ausgelieferter IT Fortbildungsprogramme
- Durchdringung der Selfstudy Maßnahmen

Zeitnahe Reaktion auf Kundenanfragen

- Erstreaktionszeit
- Bearbeitungszeit
- 24-Stunden Verfügbarkeit
- Qualität der Leistung
- Qualifizierte Problemannahme
- Standardmäßige Kundendaten

Schnellere Problembearbeitung

- Anzahl der gelösten Problemmeldungen pro Mitarbeiter im Zeitraum X
- Anzahl der Servicelieferungen pro Mitarbeiter im Zeitraum X
- Kosten pro Lösungsprozess
- Kosten pro Servicelieferung
- Kosten pro eingegangenem Anruf
- Prozentsatz der vorbearbeiteten Meldungslösungen
- Anzahl der ungelösten Probleme

Verbesserung bzgl. Service Level Agreements (SLA)

- Einhaltung Erstreaktionszeit
- Einhaltung Bearbeitungszeit
- Überhang an Arbeitsvorrat

Mitarbeiterzufriedenheit

- Fluktuationsrate
- Krankheitsrate
- Mitarbeiterzufriedenheitsindex

Diese Auswahl an Kennzahlen kann beliebig strukturiert werden, sei es thematisch zu einzelnen Oberthemen, wie es oben dargestellt ist, oder nach einer Balanced Scorecard, bei welcher in vier Perspektiven unterteilt wird. Diese vier Perspektiven sind die Finanzielle Perspektive, Kundenperspektive, Interne Prozessperspektive sowie Lernen & Innovation.[177]
Das Beratungsunternehmen Horváth & Partners, welches laut einer Umfrage aus Kundensicht als das

[177] vgl. (Baust 2005)

Unternehmen mit der größten Expertise in Controlling gesehen wird[178], definiert für den Auftragsabwicklungsprozess, folgende Kennzahlen:[179]

- Nichtlieferquote: Anzahl nicht lieferfähiger Artikelpositionen/Gesamtzahl Bestellpositionen (x100)
- Nachlieferquote: Anzahl in späteren Lieferungen nachgelieferter Positionen/Gesamtzahl Bestellpositionen (x100)
- Reklamationsquote (wegen falschem Produkt): Anzahl reklamierter falsch ausgeführter Positionen/Anzahl Bestellpositionen (x100)
- Prozesskostensätze <<Kommissionieren>> und <<Versenden>>

Diese Steuerungsgrößen stammen aus einem Projekt bei einem bekannten Handelsunternehmen, welches seine Produkte hauptsächlich über das Internet vertreibt.[180] Oftmals kann es auch schon ausreichen, Kennzahlen nicht zu spezifisch zu definieren, sondern sie zum Beispiel im Büro einzelnen Aufgabengebieten zuzuordnen. Dies könnte folgendermaßen aussehen. Ein Aufgabenbereich wäre dabei die Arbeitsvorbereitung. Kennzahlen für diesen Bereich wären:[181]

- Arbeitsvorbereitung (AV) – Durchlaufzeit von Neuteilen
- Beschaffungszeit für Betriebsmittel
- Qualität der Zeiten (Messen Schätzen, Planzeiten)
- Stunden AV zu erbrachten Stunden
- Qualität der Auftragssteuerung
- Soll-Ist Vergleich der Budgeteinhaltung
- Projektzielerreichung
- Projektdurchlaufzeit
- Ratio Faktor
- Ratio Quote
- Anzahl Beanstandungen
- Tempo der Behebung
- AV Durchlaufzeit von Behebungen
- Effizienz der Neuinvestition
- Produktivitätsverbesserungen
- Steigerung der Wertschöpfung (bezogen auf Werk)
- Ordnung und Sauberkeit im AV-Büro
- Qualität der Änderungseinsteuerung
- Grad der Kundenzufriedenheit
- Schnelligkeit bei Änderungen von Vorgabezeiten
- Termineinhaltung der Auftragsbearbeitung
- Qualität der KVP's (Summe der Einsparungen)

Einen weiteren zum Unternehmenserfolg beitragenden Aufgabenbereich stellt der Vertrieb dar. Hier könnten zumBeispiel folgende Messgrößen erhoben werden:[182]

- Prognosegenauigkeit

---

[178] vgl. (Bornhöft 2009)
[179] vgl. (Partners 2005)
[180] vgl. (Partners 2005)
[181] vgl. (Fertigung 2010)
[182] vgl. (Fertigung 2010)

- Anzahl / Zeit für technische Klärungen
- Durchlaufzeit von Kundenanfragen zu Angebotsabgabe
- Aufwand zu Umsatz
- Anzahl Neukunden zu Altkunden
- Qualität der Beauftragung
- Trefferquote von Anfrage zu Auftrag
- Preisqualität (Konditionen des Auftrages)
- Anzahl der Änderungen pro Auftrag
- Kundenzufriedenheit (extern, intern)
- Vertriebskosten (Aufwand je Auftrag)
- Anzahl neuer Produkte zu vorhandenen Produkten
- Qualifikation der Vertriebsmitarbeiter
- Ordnung und Sauberkeit
- Messaufwand zu Umsatz

Kennzahlen, die primär der Produktion zugeordnet werden können:[183]

- Häufigkeit von Teiländerungen
- Anzahl Standardteileverwendung
- Durchlaufzeit der Konstruktion alt / neu
- Qualität der Auftragsunterlagen
- Anzahl Neuteile pro Auftrag
- Anzahl reduzierter Teile
- Ordnung und Sauberkeit
- Grad der Modularisierung
- Kostenreduktion, Kostenneutralität, Kosteneinhaltung
- Entwicklungskosten zum Umsatz
- Fertigungsgerechtheit der Konstruktion
- Anzahl Zulieferprozesse
- Einhaltung der Budgetvorgaben
- Kosten für Garantieleistungen
- Summe von Verschwendungszeiten

Weitere Messgrößen, die zu dem Themenbereich Beschaffung gezählt werden:[184]

- Zeit pro Beschaffungsprozess
- Rationalisierung im Zukauf
- Kosten für Hilfs- und Betriebsstoffe
- Preisstabilität
- Termintreue der Einkaufsteile
- Verhältnis Preis der Beschaffung zu Aufwand
- Bestände in Konsignation
- Datenqualität der Einkaufsparameter
- Kapitalbindung
- Wiederbeschaffungszeiten
- Reduzierung der Einkaufspreise

---

[183] vgl. (Fertigung 2010)
[184] vgl. (Fertigung 2010)

- Schnelligkeit bei Änderungen
- Qualität der Lieferanten
- Grad der Auskunftsfähigkeit
- Kundenzufriedenheit
- Quote der Lieferantenbelastung
- Bestandsentwicklung
- Anzahl der Lieferanten
- Qualität der Einkaufsteile
- Höhe der Zusatzkosten
- Anzahl und Kosten von Rechtsfällen
- Kosten pro Beschaffungsprozess

4.3 Regelung von administrativen Prozessen mittels Prozessregelkarten

Ein erster Schritt um mittels Prozessregelkarten administrative Prozesse zu überwachen ist das Festlegen von Spezifikationsgrenzen. Im Idealfall lassen sich durch Anforderungen von Kundenseite wesentliche Grenzen ableiten. Sind solche Anforderungen nicht vorhanden, können Benchmarks herangezogen werden. Ist dies auch nicht möglich, müssen die Spezifikationsgrenzen selbst gewählt werden. Hier gilt es dann wirtschaftliche Überlegungen und Kundenforderungen gegeneinander abzuwägen.
Typisch für Toleranzen von intrinsischen Prozesskennzahlen ist, dass diese nur von oben begrenzt sind. Ein Kunde fordert zum Beispiel eine Lieferzeit unter 72 Stunden oder einen Gesamtpreis von unter 40 €. So eine Forderung könnte dann folgendermaßen transformiert werden:
T=72 ± 3 Stunden bzw. T= 72 Stunden, OSG=75 Stunden, USG= 69 Stunden.

Bei administrativen Prozessen ist es häufig der Fall, dass sehr lange Zeitabstände eintreten. Dabei kann es sich um Umsatz, Auftragseingang, gelieferte Stückzahlen etc. handeln. Durch SPC können hier Trends oder periodische Änderungen sichtbar gemacht werden.[185] Für diese Prozesse eignen sich Qualitätsregelkarten mit gleitenden Werten. Die Berechnung dieser Werte erfolgt nach einer vorgegebenen Zeit und fasst Werte zusammen. Der Zeitraum, der für die Anzahl der zusammengefassten Werte zugrunde gelegt wird, sollte sinnvoll gewählt werden. Möglich ist hier z.B. n=5 Arbeitstage, um eine Woche zusammenzufassen oder n=12 Monate um ein Jahr zusammenzufassen. Dies werde ich am Beispiel der Verfügbarkeit eines IT Systems aufzeigen. Die Abbildung 35 zeigt die erfassten Daten und die Ermittlung der gleitenden Werte für Lage und Streuung ab dem fünften Tag. Mit Qualitätsregelkarten werden, wie schon in 3. erwähnt, Prozesse überwacht. Dies ist sowohl in Produktionsprozessen als auch in administrativen Prozessen möglich. Hierbei sollen sich μ und σ nicht ändern. Ist dies der Fall, spricht man von einem beherrschten Prozess.[186] Die Überwachung des Erwartungswertes μ erfolgt mittels einer $\overline{X}$ Karte.

[185] vgl. (Quentin 2008)
[186] vgl. (Gühring 2011)

Tag	Verfügbarkeit pro Tag	$\bar{X}_{gl\ n=5}$	$S_{gl\ n=5}$
1.	62%		
2.	89%		
3.	88%		
4.	87%		
5.	83%	81,8%	11,3%
6.	84%	86,2%	2,6%
7.	78%	84,0%	3,9%
8.	84%	83,2%	3,3%
9.	79%	81,6%	2,9%
10.	68%	78,6%	6,5%
11.	83%	78,4%	6,3%
12.	72%	77,2%	7,0%
13.	78%	76,0%	6,0%
14.	89%	78,0%	8,4%
15.	85%	81,4%	6,6%

Abbildung 35 IT System Verfügbarkeit

vgl. (Quentin 2008)

Die Überwachung der Standardabweichung σ mittels einer s Karte.[187] In 3.1 wurden die wichtigen Prozessfähigkeitsindizes C_p und C_{pk} beschrieben. Zusätzlich sollten auch noch die Spezifikationsgrenzen kurz erläutert werden. Für jede Regelkarte werden Eingriffsgrenzen sowie Warngrenzen festgelegt. Die Eingriffsgrenzen beschreiben einen zweiseitigen 99%igen Zufallsstreubereich von μ oder σ. Werden hier Werte außerhalb dieser Grenzen gemessen, so wird sofort in den Prozess eingegriffen. Die Warngrenzen beschreiben einen zweiseitigen 95% Zufallsstreubereich von μ oder σ. Werden Werte außerhalb dieser Grenzen gemessen, so wird der Prozess mit vermehrtem Augenmerk beobachtet.[188] Die Berechnung dieser Warn- und Eingriffsgrenzen wurde bereits in 3.2 erläutert. Eine Regelkarte im administrativen Bereich könnte wie folgt aussehen.

---

[187] vgl. (Gühring 2011)

[188] vgl. (Gühring 2011)

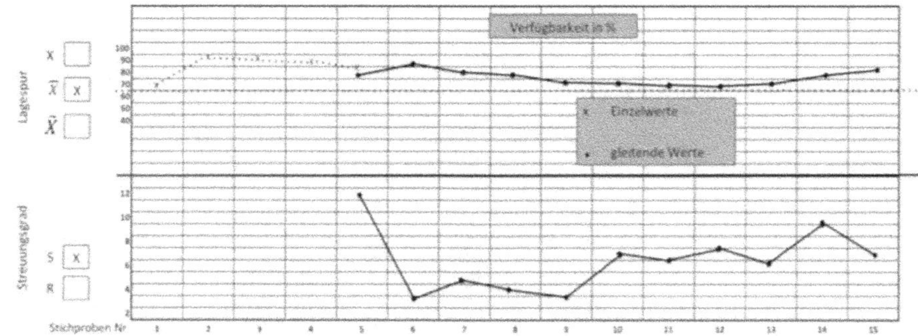

Abbildung 36 QRK Prozess IT System Verfügbarkeit

vgl. (Quentin 2008)

Die gleitenden Werte gelten sowohl für den Wert der Lage als auch für den Wert der Streuung. Erkennbar ist, dass die Verfügbarkeit laufend abnimmt. In einem nächsten Schritt wäre es nun interessant die Gründe für die starken Schwankungen ausfindig zu machen. Abbildung 37 stellt die Probleme bei dem Gebrauch der SPC für intrinsische Prozesskennzahlen ihren Lösungsansätzen gegenüber:

Problem	Lösungsansatz
Immaterialität des Produktes	• Bewusstseinsbildung für administrative Prozesse • Schulung der Mitarbeiter
Anzahl der Messwerte	• Kennzahlen definieren und erfassen • Angaben von Vertrauensbereichen • Urwert-, Einzelwert- und Karten mit gleitenden Kennwerten
Art der Messwerte	• Intrinsische Prozess- und Ressourcenkennzahlen
Schiefe Verteilung der Messwerte	• PCI für nichtnormalverteilte Daten • QRK für transformierte Daten, x-Karten und Pearson Karten
Fehlende Spezifikationsgrenzen	• Spezifikationsgrenzen nachfragen bzw. festlegen

Abbildung 37 Probleme und Lösungsansätze bei der Anwendung von SPC in administrativen Prozessen

vgl. (Gerboth 2001)

Für den Einsatz von Prozessregelkarten eignet sich nach Gerboth[189] in administrativen Prozessen am besten eine Einzelwertkarte bzw. Regelkarten mit gleitenden Kennwerten für normalverteilte Daten

189 vgl. (Gerboth 2001)

sowie Shewhart-Karten für transformierte Daten, x-Karten bei großen Stichprobenumfängen und Pearson-Karten für schiefverteilte Daten.[190]

4.4 Six Sigma in Dienstleistungsprozessen

Ein Ziel von Six Sigma stellt die Null Fehler Qualität dar. In Dienstleistungsprozessen muss die Frage gestellt werden, ob ein 99%-Qualitätsniveau ausreicht oder ob eine Null Fehler Philosophie angestrebt werden soll. Diese Frage stellte sich auch das Unternehmen Federal Express (FedEx) im Jahre 1995.[191] „In diesem Jahr beförderte FedEx täglich 1,6 Mio. Pakete."[192] Bei einem Standard von 99% erreichen folglich 16.000 Sendungen den Empfänger zu spät, gar nicht oder beschädigt. Wenn man den Auftraggeber und Empfänger miteinbezieht, entspricht dies demnach 32.000 unzufriedener Kunden. Wenn jeder Kunde seine Unzufriedenheit jedes Mal fünf weiteren Personen mitteilt, ergäbe dies 160.000 negative Informationen pro Tag. In einem Jahr gäbe es folglich über 50 Mio. Personen, die über FedEx negativ informiert wurden. Diese Zahl wäre viel zu groß. Die Schlussfolgerung daraus war demnach: Es muss eine Six Sigma Null Fehler Qualität erreicht werden. Abbildung 38 verdeutlicht diesen Vergleich einer 99% Qualität mit einer Six Sigma Qualität von 99,99966%.

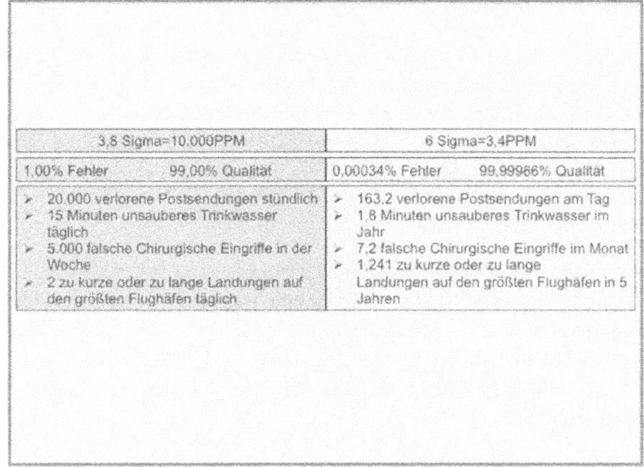

3,8 Sigma=10.000PPM	6 Sigma=3,4PPM
1,00% Fehler 99,00% Qualität	0,00034% Fehler 99,99966% Qualität
➢ 20.000 verlorene Postsendungen stündlich ➢ 15 Minuten unsauberes Trinkwasser täglich ➢ 5.000 falsche Chirurgische Eingriffe in der Woche ➢ 2 zu kurze oder zu lange Landungen auf den größten Flughäfen täglich	➢ 163,2 verlorene Postsendungen am Tag ➢ 1,8 Minuten unsauberes Trinkwasser im Jahr ➢ 7,2 falsche Chirurgische Eingriffe im Monat ➢ 1,241 zu kurze oder zu lange Landungen auf den größten Flughäfen in 5 Jahren

Abbildung 38 Vergleich von 3,8 Sigma Niveau und 6 Sigma Niveau im Dienstleistungsbereich

(eigene Darstellung)

Wenn Prozesse von Dienstleistungen etwas genauer beleuchtet werden und diese mittels SPC geregelt werden sollen, müssen einige Punkte beachtet werden.

1. Der Prozess muss sehr oft ausgeführt werden

Der Grund hierfür ist, dass eine sehr große Grundgesamtheit an Daten vorhanden sein muss um statistische Verfahren darauf anzuwenden. Es nützt nichts, wenn ein Prozess pro Monat zehn bis zwanzig Mal ausgeführt wird. Der untersuchte Prozess sollte mindestens einige tausende Male pro Monat ausgeführt werden. Je öfter desto besser. Dieser Punkt zeigt die erste und auch größte

---

[190] vgl. (Gerboth 2001)

[191] vgl. (Töpfer 2004)

[192] (Töpfer 2004) S.139

Schwachstelle der SPC im administrativen Bereich. Lediglich mittelgroße bis große Unternehmen haben Dienstleistungsprozesse, die sehr oft ausgeführt werden.[193]

2. Zuordnung des Prozesses

Die Zuordnung eines Prozesses meint, dass klar differenziert werden muss, ob der zu regelnde Prozess wirklich ein administrativer Prozess ist. Die Verfügbarkeit eines IT-Systems bei einer Unternehmensberatung stellt zum Beispiel einen administrativen Prozess in deren Unternehmen dar. Für ein Unternehmen, das jedoch IT-Systeme anbietet, ist dieser Prozess der IT-Systemverfügbarkeit ein Kernprozess und wird nicht zu den administrativen Prozessen gezählt.

3. Art der Daten

Wichtig ist auch zu definieren, ob es sich um kontinuierliche Daten handelt oder um diskrete Daten. Darauf aufbauend muss dann die für die Art der Daten passende QRK ausgewählt werden. In 3.2 wurden diese Regelkarten erläutert.

4. Verteilung der Messgrößen

Die Datenverteilung bei Prozessen in der Produktion ist meistens normalverteilt. Dies ist jedoch in administrativen Bereichen eines Unternehmens anders. Hier ist die Verteilung sehr individuell von Prozess zu Prozess. Oft sind die Datenpunkte schief verteilt. Der Grund dafür ist, dass für diese Kennzahlen der untere Spezifikationswert oftmals bei der Grenze Null liegt. Zusätzlich liegen die Messwerte als Einzelwerte vor und nicht wie in der Produktion mit Stichprobenumfängen von $n > 1$.

5. Kennzahlen

Es ist sehr oft schwierig in Dienstleistungsprozessen Kennzahlen zu bestimmen. Der Grund dafür ist, dass Menschen an den Prozessen beteiligt sind. Es ist zum Beispiel schwierig die Fehlerhäufigkeit eines Mitarbeiters zu messen. Das Problem dabei ist, dass die SPC nicht ohne Kennzahlen auskommt und deswegen in der Praxis sehr oft zwanghaft versucht wird jede Tätigkeit mit einer Kennzahl zu messen. Oft misslingt dies jedoch.[194] Grund dafür ist dass Menschen individuell sind und sich kaum bis nur sehr schwer messen lassen.

6. Immaterialität des Produktes

Durch die Tatsache, dass Produkte in Dienstleistungsprozessen immateriell sind, ist ein gewisses Abstraktionsvermögen notwendig. Die Vernachlässigung der Dienstleistungs- und Softwareprozesse führt zu einer mangelnden Erfahrung im Umgang mit diesen. Die Vernachlässigung der letzten Jahre führte zu dieser mangelnden Erfahrung, die sich heute zeigt.

7. Fehlende Spezifikationsgrenzen

In Produktionsprozessen sind die Spezifikationsgrenzen klar definiert. Wenn ein Produkt zum Beispiel ein bestimmtes Längenmaß überschreitet, ist es nicht mehr zu gebrauchen. Bei einer zu späten Lieferung einer Bestellung kann diese jedoch immer noch verwendet werden. Spezifikationsgrenzen

---

[193] vgl. (K. Brunner 2015)

[194] vgl. (Blaese 2015)

müssen in Dienstleistungsprozessen somit frei gewählt werden. Dies führt aber sehr oft zu einer subjektiven Festlegung von Grenzwerten.[195]

8. Geschulte Mitarbeiter

Die Mitarbeiter, die eine SPC durchführen sollen, müssen dafür geschult sein. Sie müssen mit der Anwendung von Prozessfähigkeitsindizes und Regelkarten vertraut sein. Dies können zum Beispiel Personen aus dem Qualitätsmanagement sein oder Know-how Träger, die bereits Six Sigma Projekte in der Produktion durchgeführt haben. Falls dies nicht der Fall ist, müssen externe Berater hinzugezogen werden.[196]

9. Top down Einführung mit Pilotprojekten

Die Six Sigma Initiative muss von der Unternehmensführung ausgehen. Relativ schnell sollte nach der Ausbildung mit Pilotprojekten begonnen werden.

10. Ist eine Null Fehler Qualität erforderlich?

Es muss auch, um auf die in Abbildung 38 dargestellte Thematik einzugehen, geklärt werden ob eine Six Sigma Qualität, im Bezug auf den Kunden, überhaupt gewünscht oder erforderlich ist im Bezug auf den Kunden.

Hauptgrund für die Analyse der Dienstleitungsprozesse sind die Forderungen nach mehr Effektivität und Effizienz im administrativen Bereich eines Unternehmens.[197] In administrativen Teilen muss sehr oft die Frage gestellt werden, machen wir die Dinge richtig? Es ist nicht mehr wichtig ein Produkt anzubieten, welches perfekt auf den Kunden zugeschnitten ist. Der Fokus ändert sich nämlich dahingehend, dass nicht mehr der Output (in diesem Falle das erzeugte Produkt für den Kunden) wichtig ist, sondern, wie dieses Produkt erstellt wird. Als praktisches Beispiel hierzu wäre die Nachkriegszeit zu nennen. Damals war es den Kunden gleichgültig wie gut ein Auto Benzin verwertet oder ob es mit nachhaltigen Rohstoffen produziert wurde. Damals ging es lediglich darum Produkte herzustellen, die auf die Kundenbedürfnisse zugeschnitten waren. Hauptfokus heutzutage ist es, mit den zur Verfügung gestellten Mitteln den maximalen Leistungsoutput zu generieren.[198] Anders ist es jedoch, wenn ein Kunde eine Sonderanfertigung verlangt, dann wäre es vergleichbar wie in der Nachkriegszeit und das Produkt wird auf die Bedürfnisse des Kunden zugeschnitten. Ein weiteres Feld, das in dieser Arbeit beleuchtet wird, ist der Einsatz der in 2.3 vorgestellten Methoden in Dienstleistungsprozessen. Es kann nicht jede Methode eingesetzt werden, da dies generell nicht möglich ist bei Prozessen im administrativen Bereich. Folgend eine Zusammenstellung der Methoden, welche auf den administrativen Bereich, genauer auf Dienstleistungsprozesse anwendbar sind:

- Affinitätsdiagramm (Affinity diagram)
- CTQ Baum (Critical to Quality Tree)
- Datenerfassungsplan (Data Collection Plan)
- Erfolgsquote / Prozessausbeute (Field Throughput Yield)
- FMEA (Fehlermöglichkeits- und –einflussanalyse)
- Geschäftssituation (Business Case)

---

[195] vgl. (Gerboth 2001)
[196] vgl. (Gerboth 2001)
[197] vgl. (Kinder 2005)
[198] vgl. (Kinder 2005)

- Häufigkeitsdiagramm (Frequency Plot)
- Kano Modell
- Arbeits- und Prüfanweisung
- Pareto Diagramm (Pareto Chart)
- Prioritätsmatrix
- Projektsteckbrief (Project Charter)
- Prozessfähigkeit
- Prozessdarstellung
- Prozess Sigma
- SIPOC
- Stakeholder Management
- Stichprobennahme
- Streudiagramm
- Ursache-Wirkungs-Diagramm
- Verlaufsdiagramm
- Qualitätsregelkarten (QRK)
- Voice of the Customer

4.5 Fallbeispiele von Six Sigma in Dienstleistungsprozessen

Aufgrund der in 4.4 erwähnten Anforderungen an administrative Prozesse wird die Fülle der Prozesse, die optimiert werden können, sehr eingeschränkt. Der Hauptgrund dafür ist, dass Dienstleitungsprozesse in den meisten Unternehmen nicht oft genug ausgeführt werden. Diese These wurde durch Experteninterviews untermauert.[199] Die Six Sigma Methode funktioniert optimal in Produktionsprozessen. In nichtadministrativen Prozessen ist die Fülle an Daten ausreichend um statistische Methoden auf sie anzuwenden.[200] Msnche Six Sigma Methoden können auch weiterhin nicht angewendet werden.[201] Die Messsystemanalyse ist solch eine Methode. Grund dafür ist, dass administrative Kennzahlen von Menschen gemessen werden. Leider ist es nicht möglich zu überprüfen, ob diese Mitarbeiter richtig messen, da ein Mensch individuell ist und nicht wie eine Maschine berechnet werden kann.[202]

4.5.1 Auftragsannahmeprozess in der Augenoptik

In der Praxis sind jedoch Beispiele zu finden bei welchen Six Sigma in administrativen Prozessen erfolgreich eingesetzt wurde. Das Unternehmen Carl Zeiss Vision GmbH konnte durch den Einsatz von Six Sigma die Durchlaufzeit ihres Auftragsannahmeprozesses reduzieren und somit Kosten in Höhe von ca. 50.000€ pro Jahr einsparen. Zusätzlich konnte ein weiterer Fehler aufgedeckt werden, welcher zusätzliche Einsparungen in Höhe von 50.000€ zur Folge hatte.[203] Hier gilt es jedoch zu beachten, dass es sich um mehr als 30.000 Auftragseingänge pro Woche handelte. Nur eine geringe Zahl von Unternehmen kann eine so hohe Zahl an Auftragseingängen vorweisen.[204]
Die Carl Zeiss Vision GmbH konnte ebenso den Prozess Güte des Forecasts, um einen weiteren Prozess zu erwähnen, der mittels Six Sigma optimiert werden kann, verbessern.

---

[199] vgl. (Blaese 2015), (K. Brunner 2015), (Weiss 2015)
[200] vgl. (Blaese 2015)
[201] vgl. (K. Brunner 2015)
[202] vgl. (K. Brunner 2015)
[203] aus Geheimhaltungsgründen wird hier nicht näher auf diesen Fehler eingegangen
[204] vgl. (K. Brunner 2015)

Einer der vielen Gründe von Optimierungsmethoden ist es Kosten zu senken. In Dienstleistungsprozessen sind die Personalkosten ein Faktor, der sehr zu Buche schlägt und hohe Kosten verursacht. Diese Tatsache stellt ein Problem dar, dass es schwierig macht Six Sigma in administrativen Prozessen zu etablieren. Mitarbeiter müssen von der Optimierungsmethode überzeugt und mitgerissen werden. Um Six Sigma in diesem Bereich einzuführen bedarf es anderer Überzeugungsansätze. Einer wäre zum Beispiel die Reduzierung von Arbeitsbelastung in der Produktion.
Um diesen Gedanken etwas zu vertiefen, sollten sich drei Fragen gestellt werden.

1. „Was kann ich beobachten?“
2. „Was kann ich messen?“
3. „Was kann ich als Führungskraft / Prozessbeteiligter überhaupt beeinflussen?“[205]

Der Vorteil von Six Sigma, ist der Aspekt, dass Six Sigma sehr zahlengetrieben ist. In Produktionsprozessen kommt dies sehr gut zum Tragen. In Dienstleistungsprozessen kann dies jedoch zum Nachteil werden. Produktionsprozesse lassen sich exzellent in Zahlen beschreiben, berechnen und analysieren. Dienstleistungsprozesse sind jedoch nicht so simpel klassifizierbar. Hier ist es effektiver einen weicheren Ansatz zu wählen. Auf diesen Aspekt werde ich nochmals in 5.1 eingehen.

4.5.2 Auftragsannahmeprozess in der Medizintechnik

Folgend wird ein Six Sigma Projekt beschrieben, welches zeigt, dass Six Sigma in Dienstleistungsprozessen funktionieren kann. Hierzu wird ein Fallbeispiel von Thomas Gerboth herangezogen.[206] Es stammt aus dem Medizintechnik-Bereich und behandelt die Kontrolle eines Auftragsannahmeprozesses. Das Projekt wurde im Geschäftsfeld „Medical Solutions“[207] der Siemens AG durchgeführt. Der Auftragsannahmeprozess ist dabei ein Teilprozess des Auftragsabwicklungsprozesses und gliedert sich wie folgt auf:

- Auftrag annehmen
- Auftrag bearbeiten und klären
- Auftrag bestätigen
- Auftrag pflegen
- Fertigung und Materiallogistik anstoßen

Anlass für die Bewertung mittels Prozessfähigkeitsindizes war der Grund, dass die Kennzahlen ab einem bestimmten Zeitpunkt schlechter wurden. Der Grund dafür war offensichtlich die Einführung einer neuen Produktfamilie. Aufgrund dessen wurden alle Aufträge der letzten zwei Jahre vor Einführung der neuen Produktfamilie aufgenommen. Eine erste Analyse ergab, dass der Prozess in zwei Arten zu betrachten ist. So gibt es Aufträge, die bereits bei Aufnahme auf Richtigkeit und Plausibilität geprüft werden und solche, die erst in der Auftragsannahmeabteilung geprüft werden. Es wurde somit zwischen Aufträgen mit Vorortprüfung unterschieden (AmVp) und mit solchen ohne Vorortprüfung (AoVp). Auch bestand eine Electronic Data Interchange (EDI) Verbindung zu den Zweigniederlassungen, die ihre Aufträge vor Ort geprüft haben. Die Aufträge kamen also schon geprüft auf elektronischem Wege in der Auftragsannahmeabteilung an.[208] Die restlichen Zweigniederlassungen ohne Vorortprüfung mussten die Aufträge per Briefpost, Email oder Fax

---

[205] vgl. (Weiss 2015)
[206] vgl. (Gerboth 2001)
[207] (Gerboth 2001) S.99
[208] vgl. (Gerboth 2001)

senden.
Zunächst ergaben sich für die Berechnung der Aufträge vor Einführung der neuen Produktfamilie folgende Parameter:[209]

für AmVp:	n=169	$\bar{x}$=4,7 Tage	s=19,5 Tage
für AoVp:	n=247	$\bar{x}$=7,6 Tage	s=19,7 Tage

In beiden Fällen verlief die Überprüfung auf Normalverteilung negativ. Auch mittels Transformation war es unmöglich eine Normalverteilung zu erzeugen. Durch Darstellen in einem Histogramm konnte eine linksschiefe Verteilung ersichtlich werden. Mit OSG = 5 Tage und USG = 0,1 Tage (ideal) konnten folgende Prozessfähigkeitsindizes berechnet werden:

für AmVp:	C_p=0,1 ± 0,01	C_{pk}=0,27 ± 0,06
für AoVp:	C_p=0,06 ± 0,01	C_{pk}=0,12 ± 0,04

Nachfolgend wurde eine Reihe von Maßnahmen implementiert um die Prozessperformance zu verbessern. Kurzfristige Maßnahmen waren dabei die Fehlerbehebung von Stammdaten im SAP/R3 System. Mittelfristig wurde der weitere Ausbau der EDI Anbindungen der Zweigniederlassungen vorangetrieben um Aufträge schon bei ihrem Eingang prüfen zu können. Zudem wurden präventive Maßnahmen eingeführt um bei zukünftigen Produkteinführungen einen möglichst kurzzeitigen und geringen Leistungsabfall zu haben.

Nach einer Phase von einigen Wochen wurde der Prozess neu bewertet. Es ergaben sich folgenden Ergebnisse:

für AmVp:	n=140	C_p=1,09 ± 0,14	C_{pk}=0,93 ± 0,14
für AoVp:	n=64	C_p=0,89 ± 0,21	C_{pk}=0,82 ± 0,23

Durch die eingeführten Maßnahmen konnte nicht nur das vorherige Leistungsniveau erreicht werden, der Prozess konnte sogar noch weiter optimiert werden. Es zeigt sich auch das nun AmVp (Aufträge mit Vorortprüfung) größer sind als AoVp (Aufträge ohne Vorortprüfung), was eine Verbesserung des Gesamtprozesses nach sich zieht. Nach Gerboth sind einige Vorteile vorhanden, falls eine SPC in Nicht-Produktion-Prozessen eingesetzt wird.[210] Es entsteht eine Methode um die lang vernachlässigten Abläufe im administrativen Bereich zu steuern. Die Vorgänge können überwacht werden, um so signifikant Kosten zu senken. Laut Gerboth lassen sich Prozessfähigkeitsindizes auf der Basis fast aller Kennzahlen erstellen.[211] Diese Prozessfähigkeitsindizes können als universelle Kennzahlen eingesetzt werden, was ermöglicht, sämtliche Geschäftsprozesse miteinander zu vergleichen.
Ein weiterer Aspekt ist die Tatsache, dass aufgrund der Messbarkeit von administrativen Prozessen sich nun eine monetäre Bewertung dieser anstellen lässt.
In einem weiteren Schritt kann aufgrund erstellter Regelkarten zahlenbasiert entschieden werden, was voreilige, meist falsche Maßnahmen verringern kann.[212]
„Durch die Transformation der Statistischen Prozessregelung auf administrative Prozesse werden

[209] (Gerboth 2001) S.101
[210] vgl. (Gerboth 2001)
[211] vgl. (Gerboth 2001)
[212] vgl. (Gerboth 2001)

somit zwei allgemein gültige Instrumente der Prozesskontrolle innerhalb eines ganzheitlichen Prozesscontrollings geschaffen" [213].

4.5.3 Servicequalität bei Kopierern[214]

Eine Analyse bei Minolta Deutschland ergab, dass Kunden mit der angebotenen Hotline und dem dadurch abrufbaren Service nicht zufrieden waren. Das Problem war zwar primär die Fehleranfälligkeit des Druckers, die Unzufriedenheit der Kunden resultierte aber aus der Reaktionszeit des Kundenzentrums. [215] Eine genaue Analyse im Rahmen eines Six Sigma Projektes der eingehenden Anrufe bei Minolta zeigte, dass die Infrastruktur nicht ausreichte. Tabelle 4 stellt diese Auslastung dar.

Datum	Anzahl der eingegangenen Anrufe
Montag: 24.07.2013	**414**
Dienstag: 25.07.2013	371
Mittwoch: 26.07.2013	366
Donnerstag: 27.07.2013	321
Freitag: 28.07.2013	330
Montag: 31.07.2013	**400**
Dienstag: 01.08.2013	375
Mittwoch: 02.08.2013	365
Donnerstag: 03.08.2013	328
Freitag: 04.08.2013	318
Montag: 07.08.2013	**431**
Dienstag: 08.08.2013	398
Mittwoch: 09.08.2013	384
Donnerstag: 10.08.2013	374
Freitag: 11.08.2013	327

Tabelle 4 Auslastung des Call Centers bei Minolta Deutschland

In Anlehnung an (Miyabayashi 1996)

[213] (Gerboth 2001) S.75
[214] vgl. (Eulenpesch 2013)
[215] vgl. (Töpfer 2004)

Die Anzahl der Anrufe am Vormittag und zum Teil auch am späten Nachmittag, insbesondere montags, waren zu groß. Für die Frequenzspitzen wurden Springer eingesetzt, die Kundenanrufe zusätzlich annahmen.[216] Durch diese Maßnahme konnte die Servicequalität nachhaltig erhöht werden.

4.5.4 Six Sigma und Business Excellence am Beispiel Ritz Carlton[217]

Die Ritz Carlton Hotelkette hat sich als langfristiges Qualitätsziel vorgenommen, eine 100%ige-Kundenzufriedenheit, im Sinne eines Six Sigma Niveaus ihrer Prozesse zu erreichen. Dafür wurde eine unternehmensweite Six Sigma Initiative durchgeführt. Es gelang dem Unternehmen zweimal den amerikanischen Excellence Preis (MBNQA) zu gewinnen.[218] Abbildung 39 stellt den optimierten Service Prozess dar.

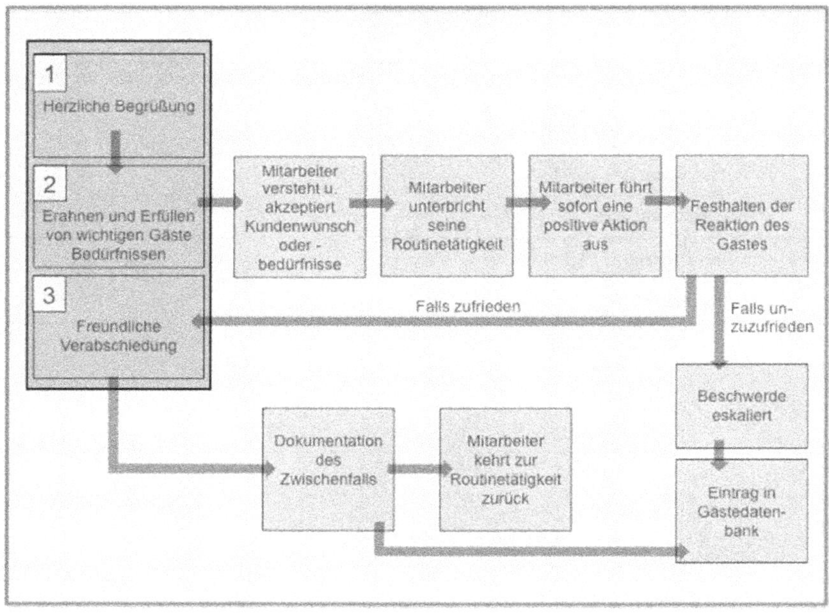

Abbildung 39 Prozessablauf für den Service bei Ritz Carlton

vgl. (Schulze 2002)

Dieser Ablauf stellt eine innovative, schnelle und persönliche Kundenbetreuung bei Ritz Carlton sicher.

4.5.5 Unzufriedenheit bei Gehaltsabrechnungen bei GE Mobilienleasing[219]

Bei der deutschen Niederlassung der GE Tochter zeigte sich eine hohe Fluktuationsrate von bis zu 43%. Die Ergebnisse nach einem Six Sigma Projekt mithilfe des DMAIC Vorgehens zeigte, dass es

[216] vgl. (Miyabayashi 1996)
[217] vgl. (Töpfer 2004)
[218] vgl. (Töpfer 2004)
[219] vgl. (Töpfer 2004)

unklare Verantwortungskompetenzen im Bereich der Verwaltung und im Abrechnungsprozess gab. Dies führte zu Verzögerungen und Fehlern. Die Maßnahmen des Projektes zielten darauf ab, den Prozess der Gehaltsabrechnungen zu vereinfachen und die Software zu optimieren. In der Konsequenz sank die Fluktuationsrate auf unter 10%, dadurch entfielen Werbungs- und Trainingskosten für neue Mitarbeiter. Zuvor hatten diesen Trainingskosten das Unternehmen ca. 125.000 € pro Jahr gekostet.[220]

4.5.6 Six Sigma im Froedtert Hospital[221]

Das Froedtert Hospital in Milawaukee hat in der Anwendung von Six Sigma im Health Care Bereich eine Vorreiterrolle. Da kleinste Fehler in dieser Branche bereits Menschenleben gefährden können, wird hier auch ein Six Sigma Niveau der Prozesse angestrebt. Bereits im Jahr 2000 wurden Mitarbeiter des Froedtert Hospitals zu Black Belts ausgebildet. Hauptansatzpunkt war die fehlerfreie Medikation von Patienten. Die Verbesserungsaktivitäten konzentrierten sich hauptsächlich auf die Reduzierung von Prozessabweichungen bei der Medikamentenbereitstellung, sowie der Dosierung bei der Wirkstoffverabreichung. Ein weiterer wichtiger Anwendungsbereich war die Optimierung der DLZ in den Laboren der Intensivstation. Hier konnte die DLZ von 52 auf 23 reduziert werden. Bereits nach kurzer Zeit waren erste Erfolge durch Six Sigma festzustellen.[222]

4.6 Lean Administration

Aufgrund der von mir in den letzten Abschnitten erörterten Problemstellungen bei der Anwendung von Six Sigma in Dienstleistungsprozessen, möchte ich noch einen weiteren Ansatz zur Optimierung der Abläufe im administrativen Bereich ansprechen.
Im Bereich der Produktion sind viele Unternehmen weitgehend optimiert so dass Produktionskosten in den letzten Jahren durch Lean Management oder auch Six Sigma Methoden gesenkt werden konnten.[223] Ebenso konnten Durchlaufzeiten verkürzt werden und Produkte nach Lean Gesichtspunkten gestaltet werden. In Dienstleistungsbereichen dagegen, stehen viele noch am Anfang des Weges, ein effizientes und kundenorientiertes Unternehmen darzustellen.[224] Ein weiterer Ansatz, Abläufe zu verbessern stellt Lean Administration dar. Grundidee dabei ist, die Transformation der Lean Management Methoden in den administrativen Bereich eines Unternehmens zu bringen. Die Erfolgsgeschichte von Lean Administration hält nun ungefähr 10 Jahre an.[225] Lean Administration liefert nach Wiegand[226] einen wirkungsvollen Beitrag zu einem kompletten Lean Business System. In der Praxis von administrativen Prozessen heißt dies vor allem, dass die Transparenz erhöht wird, die Komplexität besser gemanagt und die Effizienz gesteigert wird.[227] Es zeigt sich, dass es oftmals schwierig ist administrative Prozesse mittels SPC zu überwachen. Aufgrund dessen möchte ich hier nochmal auf die in 2.2 erläuterten Prinzipien des Lean Management hinweisen. Der Ansatz Lean Administration ist diesem ähnlich, nur muss hier klar differenziert werden. Der Output in Produktionsprozessen ist bspw. ein Endprodukt für den Kunden. Der Output in Verwaltungsprozessen ist dahingegen die Information.[228] Abbildung 39 stellt diese Prinzipien graphisch dar. Es sollte bei Punkt 1 begonnen werden und ähnlich einem Kreis, im Uhrzeigersinn weiter voran gegangen werden.

---

220 vgl. (Töpfer 2004)
221 vgl. (Töpfer 2004)
222 vgl. (Töpfer 2004)
223 vgl. (B. N. Wiegand 2007)
224 vgl. (B. N. Wiegand 2007)
225 vgl. (Wiegand 2008)
226 vgl. (Wiegand 2008)
227 vgl. (Wiegand 2008)
228 vgl. (B. N. Wiegand 2007)

Bei Lean Administration wird der Ansatz des Lean Managements auf den administrativen Bereich eines Unternehmens angewendet. In der Praxis zeigt sich, dass sehr gute Ergebnisse dadurch erreicht werden konnten.[229]

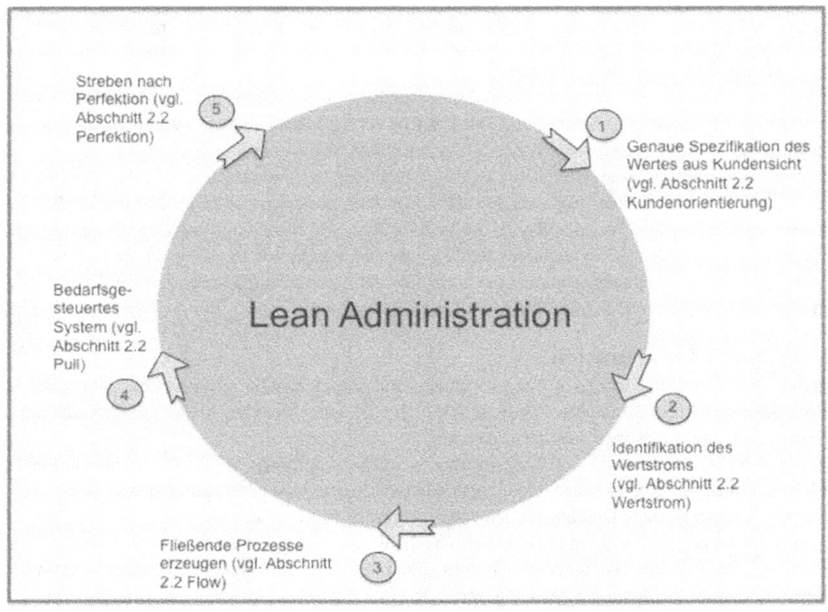

Abbildung 40 Lean Administration Kernprinzipien

vgl. (B. N. Wiegand 2007)

Es kann jedoch nicht wie in der Produktion vorgegangen werden, da der Alltag in einem Büro um einiges komplexer ist.[230] Wie schon erwähnt, ist der Output eines Verwaltungsprozesses die Information. Um diese Information sichtbar zu machen, bedarf es eines Mediums. Briefe, Emails, oder Kalkulationen können ein solches Medium darstellen.[231] Ein weiterer Punkt ist, dass Prozesse in der Verwaltung nicht so zutreffend beschrieben sind wie in der Produktion. Meist gibt es zwar Qualitätshandbücher, die aufgrund von Vorgaben administrative Prozesse beschreiben, dies wiederspricht jedoch oft dem gelebten IST Prozess in Unternehmen.[232] Zudem fallen die Arbeitsplatzgestaltung und Aufgabenerfüllung meist in den Kompetenzbereich eines jeden Einzelnen. Dies hat zur Folge, dass gleiche Aufgaben unterschiedlich angegangen und erfüllt werden. Person A führt seine Analyse somit anders durch als Person B.[233] Auch ist die Aufgabenvielfalt der Mitarbeiter in der Verwaltung um einiges komplexer als die eines Mitarbeiters in der Produktion. Mitarbeiter in

---

[229] vgl. (Blaese 2015)
[230] vgl. (B. F. Wiegand 2008)
[231] vgl. (B. N. Wiegand 2007)
[232] vgl. (B. F. Wiegand 2008)
[233] vgl. (B. N. Wiegand 2007)

der Administration sind in Aufgaben mit unterschiedlichen Kompetenzanforderungen eingebunden. Ob die Mitarbeiter überfordert sind und ob Ressourcen sinnvoll genutzt werden wird nicht geprüft.[234] Zudem variiert die Aufgabendauer sehr stark. Eine Unterschrift dauert zum Beispiel 10 Sekunden, wohingegen eine komplexe Problemlösung auch mehrere Tage dauern kann. Sinnvoll ist die Anwendung von Lean Administration bei allen indirekten Geschäftsprozessen. Das können die Produktion unterstützende Prozesse wie z.B. die in 4.1 beschriebenen Prozesse sein.[235]

---

[234] vgl. (B. N. Wiegand 2007)
[235] vgl. (B. N. Wiegand 2007)

5. Schlussbetrachtung

5.1 Fazit

Zusammenfassend ist klar zu nennen, dass die Verwaltungs- und Administrationsbereiche eines Unternehmens optimiert werden müssen.
Ein erster Schritt dazu ist es, Kennzahlen zu definieren, um diese dann in einem nächsten Schritt aufzunehmen und so die Transparenz in administrativen Prozessen zu erhöhen. Einschlägige Fachliteratur und auch die Experteninterviews, die im Rahmen dieser Bachelor Arbeit geführt wurden, bezeugen allesamt, dass ein sehr großes Optimierungspotential im administrativen Bereich besteht. Eine Möglichkeit wäre dabei die Anwendung der SPC aus Six Sigma. Auch ist offensichtlich, dass der administrative Bereich viel zu lange vernachlässigt wurde.
Die Anwendung der SPC auf die administrativen Prozesse birgt die Problematik, dass viele Abläufe in Verwaltungsbereichen noch nicht standardisiert und klar definiert sind. Ist diese Schwierigkeit einmal behoben, fällt es nicht mehr schwer Prozessregelkarten, die einzelne Prozesse überwachen, zu erstellen.
Im Laufe der Entstehung dieser Arbeit manifestierte sich mehr und mehr der Eindruck, dass die Anwendung von Six Sigma im administrativen Bereich eines Unternehmens schwerer ist, als anfangs gedacht. Es muss genau abgewogen werden ob Six Sigma auf den zu optimierenden Prozess angewendet werden kann. Oftmals ist dies nicht der Fall. Es hapert meistens an der zu kleinen Menge von Daten. 4.4 (Six Sigma in Dienstleistungsprozessen) greift diese Probleme auf und beschreibt auf welche Punkte geachtet werden muss. Weiterhin versucht Six Sigma jeden Sachverhalt in einer Kennzahl auszudrücken. Manchmal ist dies jedoch nicht möglich.
Es gibt jedoch Prozesse, die sich sehr gut eignen um Six Sigma Methoden darauf anzuwenden. Die Auftragsabwicklungsprozesse eines Unternehmens wären solche Prozesse, um hier nochmals die in 4.5 beschriebenen Fallbeispiele heranzuziehen.
Six Sigma versucht auf die harten Faktoren Zahlen, Daten, Fakten einzugehen und schafft dies auch hervorragend. In administrativen Bereichen ist dies jedoch schwierig. Ein weicherer Ansatz wäre hier besser. Aus diesem Grund wurde in 4.6 der Ansatz Lean Administration angesprochen, da er meines Erachtens nach besser geeignet ist, für die Mehrheit der administrativen Prozesse.
Die meiner Meinung nach optimale Lösung ist eine Kombination beider Ansätze zu Lean Sigma. Falls nämlich eine ausreichende Datengrundlage vorhanden ist, wird man sicherlich mit Six Sigma die größten Erfolge haben. Falls nicht, eignen sich Methoden wie z.B. die Wertstromanalyse um den Wertstrom in einzelnen Prozessen sichtbar zu machen und Verschwendung zu reduzieren. Die Tabelle 5 fasst diese Erkenntnisse nochmals zusammen.

Situation im administrativen Bereich	**Bestmöglicher Ansatz**
• Prozesse sind kaum, bis gar nicht beschrieben • Kaum Transparenz vorhanden • Sehr große Verschwendung im administrativen Bereich	• Prozesse beschreiben • Rollen beschreiben • Transparenz erhöhen • Verschwendung reduzieren ➢ **Lean Administration Ansatz**
• Prozesse sind teilweise beschrieben • Es ist klar definiert wer für welchen Bereich zuständig ist	• Falls möglich, Six Sigma anwenden jedoch abhängig von den in 4.4 erwähnten Punkten • Lean Administration verwenden um

• Erste Prozesskennzahlen liegen vor	Transparenz noch weiter zu erhöhen ➢ **Kombination aus Lean Administration und Six Sigma (Lean Sigma)**
• Prozesse sind standardisiert und beschrieben • Erkennbare Transparenz vorhanden • Prozesse werden sehr oft ausgeführt (10.000 mal und mehr pro Woche)	• Six Sigma Projekte durchführen • Prozessregelkarten erstellen lassen • Standardabweichung verringern • Anpeilung von 6 Sigma Prozessen ➢ **Six Sigma Ansatz**

Tabelle 5 Empfehlung für das Vorgehen, administrative Prozesse zu optimieren

(eigene Darstellung)

5.2 Ausblick

Ein erster Ausblick könnte sein, dass diese Bachelor Arbeit zur weiteren Vertiefung und konzeptionellen Ausarbeitung geeigneter Prozessregelkarten für den administrativen Bereich herangezogen wird.
In einem nächsten Schritt könnten zum Beispiel komplexere Balanced Scorecards entworfen werden. Diese könnten intern in Abteilungen eingesetzt werden, um einzelne administrative Prozesse zu überwachen. Um diese für alle Mitarbeiter zugänglich, abzubilden.
Des Weiteren wäre es möglich ein Pilotprojekt zu starten oder sogar bereits erstellte Regelkarten im Rahmen eines Pilotprojektes einzusetzen, um zu analysieren inwieweit dies einen signifikanten Unternehmenserfolg garantiert.
Hilfreich wäre es ein Management Cockpit für das Top Management oder den Procurement Manager im Bereich Beschaffung zu erstellen. Dabei wird dieses Cockpit verwendet um einen Überblick über einzelne Prozesse zu bekommen, die dann gesteuert werden können. Abbildung 40 zeigt solch einen exemplarischen Entwurf.

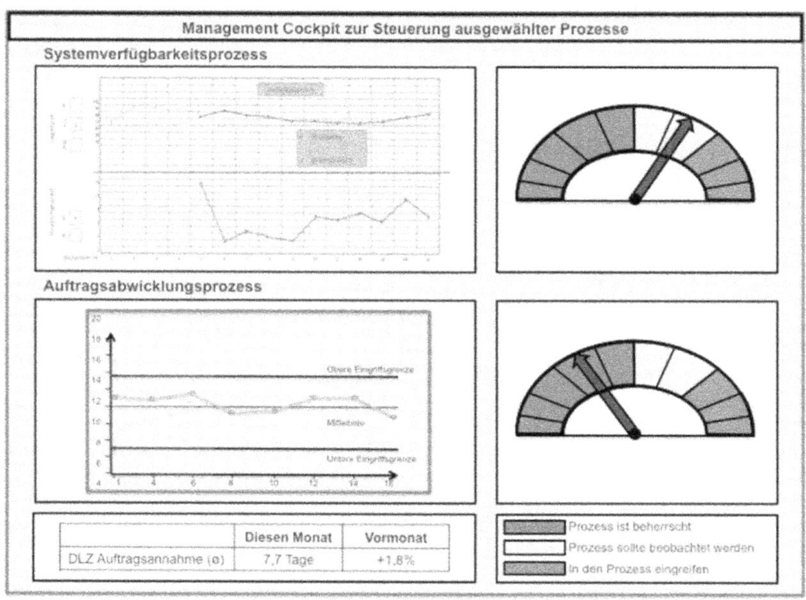

Abbildung 41 Management Cockpit zur Steuerung ausgewählter Prozesse

(eigene Darstellung)

Einzelne Regelkarten könnten so für die Schlüsselprozesse den Zeitverlauf eines Prozesses übersichtlich darstellen, da sie für Six Sigma Projekte schon entworfen wurden. Der rechts dargestellte Tacho zeigt dabei an, ob ein Prozess stabil ist (grüner Bereich), ob er beobachtet werden sollte (gelber Bereich) oder ob ein Eingriff in den Prozess nötig ist (roter Bereich). Die Darstellung sorgt dabei für mehr Transparenz und ermöglicht es auf externe Fehleinwirkungen zu reagieren.

Literaturverzeichnis

1. Andersson, R. Eriksson, H. Torstensson, H. „Similarities and differences between TQM, six sigma and lean.“ *The TQM Magazine*, 18. March 2006, Volume 18 Ausg.: 282-296.

2. Baust, A. *Messbarkeit intergrierter Dienstleistungsprozesse.* Heidelberg: Ruprecht-Karls-Universität Heidelberg, 2005.

3. Blaese, G., Interview geführt von Lars Büchner. *Dr. phil - Vorstand Karer Consulting AG* Göppingen, (14. Januar 2015).

4. Bornhöft, F. Thamm, J. „Einsatz von Lean Six Sigma zur Unterstützung von Outsourcing Projekten.“ *Process Lab Workshop.* Horvath & Partnes GmbH. Frankfurt, 2. September 2009.

5. Brüggemann, H., Bremer, P. *Grundlagen Qualitätsmanagement.* Wiesbaden: Vieweg + Teubner Verlag, 2012.

6. Braun, S. *Trainingsprogramm Six Sigma Yellow Belt plus.* Göppingen: TEQ Q-DAS Group, 2014.

7. Bruhn, M. *Qualitätsmanagement für Dienstleistungen - Grundlagen, Konzepte, Methoden.* 8. Auflage. Basel: Springer Verlag, 2011.

8. Brunner, F. J. *Japanische Erfolgskonzepte* . 3. Auflage. München, Wien: Hanser Verlag, 2014.

9. Brunner, F.J., Wagner, W.K. *Taschenbuch Qualitätsmanagement: Leitfaden für Studium und Praxis.* 4.Auflage. München: Carl Hanser Verlag, 2008.

10. Brunner, K., Interview geführt von Lars Büchner. *Director Supply Distribution Planning Europe* Aalen, (22. Januar 2015).

11. Chiarini, A. *From Total Quality Control to Lean Six Sigma - Evolution of the most important Management Systems for Excellence* . Bologna, Italy: Springer Verlag, 2012.

12. Dahm, M.H., Haindl, C. *Lean Management and Six Sigma: Qualität und Wirtschaftlichkeit in der Wettbewerbsstrategie.* Berlin : Erich Schmidt Verlag, 2011.

13. Dietrich, S. Schulze, E. *Statistische Verfahren zur Maschinen- und Prozessqualifikation.* 4. Auflage. München, Wien: Hanser Verlag, 2003.

14. Drew, J. McCallum, B. Roggenhofer, S. *Unternehmen lean - Schritte zu einer neuen Organisation.* Frankfurt, New York: Campus Verlag, 2005.

15. Ebel, B. *Qualitätsmanagement.* Berlin: Verlag Neue Wirtschafts-Briefe, 2001.

16. Eulenpesch, T. *Six Sigma i Bereich der Dienst- und Serviceleistungen.* Weeze: TASSICIO UG (haftungsbeschränkt) & Co. KG, 2013.

17. Fertigung, Arbeitsgemeinschaft für Wirtschaftliche. *Wertstrom in der Administration: Vom Ist- zum Sollzustand mit dem Wertstrom-Design.* 64521 Groß-Gerau, 9. September 2010.

18. Fischer, H. Fleischmann, A. Obermeier, S. *Geschäftsprozesse realisieren - Ein praxisorientierter Leitfaden von der Strategie bis zur Implementierung.* 1. Auflage. Wiesbaden: GWV Fachverlage GmbH, 2006.

19. Fischermanns, G. *Praxishandbuch Prozessmanagement.* 6. Auflage. Gießen: Dr. Götz Schmidt Verlag, 2006.

20. Gühring, G. *Statistik Vorlesung - Kapitel 6: Statistische Qualitätskontrolle.* Herausgeber: Hochschule Esslingen. Esslingen/Göppingen, 1. 4 2011.

21. Gühring, G. *Statistik Vorlesung - Statistische Qualitätskontrolle.* Herausgeber: Hochschule Esslingen. Esslingen/Göppingen, 1. 4 2011.

22. Ganter, F. „Dipl.-Ing.(FH).“ *Lean Management/Lean Projectmanagement - Kaizen im Planungsbereich.* Esslingen: REHATEC Planungsgesellschaft mbH, Leiter Technische Gebäudeausrüstung, Endingen, 19. 11 2014.

23. Gerboth, T. *Statistische Prozessregelung bei administrativen Prozessen im Rahmen eines ganzheitlichen Prozesscontrollings.* Berlin: Fakultät V - Verkehrs- und Maschinensysteme - der Technischen Universität Berlin, 2001.

24. Gorecki, P. Pautsch, P. *Lean Management.* 3.Auflage. München: Carl Hanse Verlag, 2013.

25. —. *Lean Management: Der Weg zur operativen Excellence.* München: Carl Hanser Verlag, 2013.

26. Harry, M. *Six Sigma: A Breakthrough Strategy for Profitability*. In: Quality Progress 31 Nr. 5 S. 60-63: ASQ, 1998.

27. Hemmrich, W.A. *Mathe Guru.* 28. 12 2014. http://matheguru.com/stochastik/31-normalverteilung.html (Zugriff am 28. 12 2014).

28. Holzbaur, U. *Entwicklungsmanagement - MIt hervorragenden Prdukten zum Markterfolg.* Aalen: Springer, 2007.

29. Hummel, T. Malorny, C. *Total Quality Management - Tipps für die Einführung.* 4. Auflage. München: Carl Hanser Verlag, 2011.

30. Kamiske, G. F. Brauer, J. P. *ABC des Qualitätsmanagements.* 3. Auflage. München: Carl Hanser Verlag, 2008.

31. Kamiske, G. F. *Handbuch QM-Methoden.* 2. Auflage. München: Carl Hanser Verlag, 2013.

32. Kaufmann, U. *Praxisbuch Lean Six Sigma - Werkzeuge und Beispiele.* München: Carl Hanser Verlag, 2012.

33. Kinder, K. *Konzipierung und Einführung der Prozesskostenrechnung als eines Bestandteils des Qualitätsmanagements in der öffentlichen Verwaltung.* Heft 03. Hochschule Wissmar Fachbereich Wirtschaft: Wissmarer Diskussionspapiere, 2005.

34. Knecht, A. Bertschi, M. *Six Sigma - Tools, Beispiele, Praxistipps.* Olten: Versus kompakt, 2013.

35. Kostka, C. Kostka, S. *Der kontinuierliche Verbesserungsprozess - Methoden des KVP.* 6. Auflage. München: Carl Hanser Verlag, 2013.

36. Krosild, D. Faber, K. Magnusson, K. Bergmann, B. *Six Sigma - Erfolg durch Breakthrough Verbesserungen.* München, Wien: Carl Hanser Verlag, 2003.

37. Liker, J.K. *The toyota way - Fourteen Management Principles from the World's Greatest Manufacturer.* New York: Mcgraw-Hill Publ.Comp., 2004.

38. Müller, T. *Zukunftsthema Geschäftsprozessmanagement - Eine Studie des Status Quo des Geschäftsprozessmanagements in deutschen und österreichischen Unternehmen.* Pricewaterhouse Coopers AG. Würzburg, 1. Februar 2011.

39. Magnusson, K. Krosild, D. Bergmann, B. *Six Sigma umsetzen Die neue Qualitätsstrategie für Unternehmen.* 2.Auflage. München, Wien: Carl Hanser Verlag , 2004.

40. Miyabayashi, A. *Humanware: Der Weg zum TQM-Leadership in Mehdorn, H.* 2. Auflage. Berlin: Töpfer, A. (Hrsg.) Besser-Schneller-Schlanker, 1996.

41. Montgomery, D.C. *Statistical Quality Control - a modern Introduction.* Sixth edition. Arizona State University: John Wiley & Sons (Asia) Pte. Ltd., 2009.

42. Morgan, J. M. Liker, J.K. *The Toyota Product Developement system.* Boca Raton, Florida: CRC Press, Taylor & Francis Group, 2006.

43. Partners, Horváth &. *Prozessmanagement umsetzen - Durch nachhaltige Prozessperformance Umsatz steigern und Kosten senken.* 1. Auflage. Stuttgart: Schäffer-Poeschel Verlag, 2005.

44. Peterke, J. „Konsequente Kundenorientierung - Differenzierung im Wettbewerb.“ *Zeitschrift für Arbeitswissenschaft* , 01. 11 2005: 385-456.

45. Pfeifer, T. *Handbuch Qualitätsmanagement.* 5. Auflage. München: Carl Hanser Verlag, 2007.

46. —. *Praxisbuch Qualitätsmanagement.* 2. Auflage. München, Wien: Carl Hanser Verlag, 2001.

47. Quentin, H. *Statistische Prozesskontrolle - SPC.* München: Carl Hanser Verlag, 2008.

48. Rothlauf, J. *Total Quality Management in Theorie und Praxis.* 4. Auflage. München : Oldenbourg Wissenschaftsverlag GmbH, 2014.

49. Sabisch, H. Tintelnot, C. *Integriertes Benchmarking - Für Produkt und Produktenwicklungsprozesse.* Berlin: Springer Verlag, 1997.

50. Schmidt, G. *Organisation and Business Analysis - Methoden und Techniken* . 15. Auflage. Gießen: Dr. Götz Schmidt Verlag, 2014.

51. Schmieder, M Aksel, M. Doutrelepont, M. *Anwenderstatus von Qualitätsmanagementkonzepten und Six Sigma in deutschen Unternehmen.* Köln: FH Köln, 2005.

52. Schmieder, M. *Warum Six Sigma erfolgreich ist - Analyse aktueller Studien S.39-64, in: Praxis Six Sigma, Fehler vermeiden, Prozesse verbessern, Kosten senken.* Düsseldorf: Hrsg. Von Grundlach, C. und Roland, J., 2008.

53. Schuber. *Gabler Wirtschaftslexikon.* 18. Auflage. Wiesbaden: Springer Gabler Verlag, 2014.

54. Schulze, H. „Die Ritz-Carlton-Erfolgsstory um den Malcolm Baldrige National Quality Award - Mit hoher Servicequalität zweimaliger MBNQA-Gewinner.“ *Business Excellence*, 1. Januar 2002: S.199-232.

55. Spearmann, M. L. Wolldruff, D. L. Wallace, J. H. „CONWIP: a pull alternative to kanban.“ *INT. J. PROD. RES.* , 1st. January 1990, Volume 28 Ausg.: 879-894.

56. Töpfer, A. *Six Sigma - Konzeption und Erfolgsbeispiele für praktizierte Null-Fehler-Qualität.* 3. Auflage. Dresden: Springer Verlag, 2004.

57. von Below, F. Strösser, E. *Six Sigma Pocket Guide.* Köln: TÜV Reihnland Group, 2009.

58. Wappis, J. Jung, B. *Taschenbuch Null-Fehler-Management Umsetzung von Six Sigma.* 3. Auflage. München: Carl Hanser Verlag München Wien, 2010.

59. Weiss, Dr. Norbert, Interview geführt von Lars Büchner. *Dr. rer. oec.* (29. Januar 2015).

60. Wiegand, B. Franck, P. *Lean Administration I - So werden Geschfätsprozesse transparent.* 3. Auflage. Aachen: Lean Management Institut Stiftung, 2008.

61. Wiegand, B. Nutz, K. *Lean Administration II - Schritt 2 Die Optimierung.* Auflage 1. Aachen: Lean Management Institut, 2007.

62. Wildemann, H. *Quality Gate Konzept - Leitfaden zur Ausgestaltung eines prozessorientierten Qualitätscontrollings.* 4. Auflage. München: TCW Transfer-Centrum GmbH & Co., 2010.

63. Womack, J. P. Jones, D.T. *Lean Thinking Ballast abwerfen, Unternehmensgewinne steigern.* Frankfurt: Campus Verlag, 2004.

64. Zollondz, H.D. *Grundlagen Qualitätsmanagement.* 1. Auflage. München: Oldenburg Verlag, 2002.

www.ingramcontent.com/pod-product-compliance
Lightning Source LLC
LaVergne TN
LVHW092344060326
832902LV00008B/789
* 9 7 8 3 6 5 6 9 1 2 1 4 9 *